面對情緒攻擊的勇氣

害怕衝突，更不想忍氣吞聲，
如何閃避、巧妙回擊？

身近な人の「攻撃」がスーッとなくなる本

人際心理治療師
水島廣子——著 張嘉芬——譯

方言文化

Contents

前言　寫給不想再被傷害的你　009

第1步　面對攻擊，先為心撐起防護傘

傷害你的人，往往自認受到威脅　015
五種情況，觸發攻擊地雷　024
自卑感越深，越愛用偏見壓人　034

第2步　當個「旁觀者」，退一步取得化解空間

受到攻擊，這樣做才是贏家　051

「找麻煩」也是一種「求救」訊號 060
為難你的人，其實也在為難自己 066
不對號入座，自然免受傷害 074

第3步
人際斷捨離，情緒風暴傷不了你

根據「在乎」程度，找對因應方式 081
不揣測背後理由，讓攻擊停在對方身上 089
把挑釁當「狗吠火車」，避免惡性循環 093

第4步
終結無理責難，從讓對方「放心」開始

四大原則，遠離攻擊的地雷 109

Contents

遇上找碴，以親切化解糾紛 119
面對駁斥，用反問免除爭論 125
若對方不講理，先傾聽再關心 129

第5步
當網友變酸民，受害情緒如何克服？

酸民的惡意留言，來自內心有困擾 141
私事被公開，這樣處理不傷和氣 149

第6步
七個處世原則，讓你隨時受人呵護

學會「控場能力」，情緒攻擊不上身 157

Contents

愛自己，不落入「受害者」陷阱 158
不奉承，保有關係平等的從容 161
不帶成見，接受對方的真實面貌 164
言行一致，容易贏得信任 169
廢話少，沉默帶來安心感 172
越不求回報，別人給的越多 176
我就是我，不虛假才得人愛 181

結語 懂得轉念，化解所有情緒攻擊 186

前言 寫給不想再被傷害的你

主管只把我一個人當眼中釘。
資深前輩老是對我冷嘲熱諷。
年輕同事擺出一副瞧不起我的態度。
另一半總是責備我。
男（女）朋友老是用「高高在上」的態度否定我。
被朋友排擠。
鄰居都在背後閒言閒語。

到底為什麼「那個人」要傷害我呢……？

生活中有許多像這樣來自他人的攻擊。尤其是來自上司、前輩、伴侶或交往對象等親朋好友的非難，應該讓很多人都深感頭痛吧？

我們既然是人，若突然遭受責備，當然會覺得「為什麼找上我？」並感到很受傷。這些來自切身關係的「攻擊」，是一種令人逃也逃不掉的壓力，會讓人持續累積不滿和壓力，有時甚至還會發展的心理疾病的地步。

究竟該怎麼做，才能保護自己免於受到這種難纏的傷害呢？我想很多讀者看到書名應該會懷疑是否真能「立刻消除攻擊」？心想：「怎麼可能有這麼神的事，到底是什麼樣的魔法？」本書並不打算談魔法。

然而，「立刻消除攻擊」這件事，的確辦得到！

讓傷害「消失」的方法有很多種。有些是實際讓我們不再被對方攻擊的方法。換言之，就是使對方的行為出現變化。或是對方的行為雖無改變，但那些以往會讓你認為是非難的事情不再是非難，亦即不再感到受傷。

不論採取哪一種方法，對當事人而言效果都一樣。不過，以往動不動就覺得「被攻擊了！」的那些狀況，若能轉念想成「攻擊不存在」，其實有著數不盡的好處。這樣的想法，和「受到攻擊，但只能忍耐」完全是不同的境界。

因為要是「攻擊不存在」，就沒有必要忍耐了。

我是執業精神科醫師，專長「人際心理治療」（interpersonal psychotherapy，簡稱ＩＰＴ）的精神療法，為許多患者做過診療。此外，我也以義工身分投入心態療癒（attitudinal healing，簡稱ＡＨ），以及從事演講活動，因而結識了許多人。

認識了這麼多人，讓我切身感受到：如何看待別人的攻擊，將大大地改變我們的人生。

我們究竟是要一直受人攻擊，活成一個可憐的沙包，還是要學會感受自己內心湧出的溫暖力量，邁向豐富精彩的人生？各位可以為自己做決定。

本書中會談到兩種攻擊，一種是真正的攻擊；另一種則是「看似攻擊，實則有其他解讀」。

其實我想透過本書，讓各位了解一件事：我們認為的攻擊，其實全都只是「攻擊」而已。換句話說，世上沒有真正的攻擊。

此外，我也不只是想探討「遭受攻擊時該怎麼辦」，也會介紹一些妙招，讓你成為「備受呵護的人」。

只要確實做好心理準備，不把別人發動的攻擊視為攻擊，就不容易受到傷害了。這些心理變化的機制，接下來會詳細探討，敬請期待。

期盼各位在讀過本書之後，都能懷抱「我才不怕攻擊」的想法。

第 1 步

面對攻擊，先為心撐起防護傘

重點提要

如果你在日常生活中，曾因為不小心踩雷遭受他人莫名的責罵、冷言冷語、無視……而收到傷害，卻不知該如何是好，第一步將介紹五種容易誤觸他人地雷的狀況，以及萬一遇上了，該如何面對。

傷害你的人，往往自認受到威脅

想保護自己免於受到他人傷害，就要先了解人會在什麼時候對別人發動「攻擊」。動物的原始天性中，一但感到有生命威脅，只要有辦法逃脫便會設法逃命；無法逃脫時則奮戰到底。

這就是人稱「戰或逃」（Fight-or-flight）的生理反應。

人類也是一種動物，當然具備許多用來保護自己的類似機能，也就是所謂的「自我防衛機制」。當你我身旁發生某些可能威脅自身安全的事件，令人備感威脅時，這套「防衛機制」就會啟動。

所謂的威脅，不只在「感到生命危險」時才算威脅，這裡的定義更為廣泛——

凡是任何令人感到威嚇、脅迫之事都是威脅。

出了紕漏或有人想對我們不利，甚至覺得「被擺了一道！」或「這樣下去會被害慘！」時，都是所謂的威脅。當我們遇上威脅時，身心狀態就會出現變化。舉例來說，人在突然受到驚嚇後心臟會狂跳，這是為了讓我們做出逃跑或應戰反應，送往肌肉的血流量增加所致。

此外，有些人一受到壓力，腸胃就會出狀況。那是因為全身的機能都專注在「戰或逃」這件事情上，血流集中到肌肉等處，而消化食物這種與戰或逃沒有直接關係的功能，人體的處理排序就會因此延後。

「攻擊」是感到威脅時的反應

假設你遭到他人「攻擊」，相信對方應該不會在沒有任何導火線、毫無理由的情況下這麼做。

基本上，我們可以把「攻擊」視為人類感到有威脅時的一種反應。

當我們感到威脅時，就生物本能而言，大多數情況下逃跑最為安全，但在現代社會中，若因為人際關係出問題而不斷逃避，恐怕會被大家稱為「魯蛇」，故而有不少人會選擇反擊。

此外，以往曾遭遇虐待或霸凌，知道反擊後下場只會更慘的人，多半會採取比較安全的因應措施，而不在意是否會被人視為魯蛇。不過，就算沒有實際發動攻擊，很多人會在心裡非難別人，若無法好好面對這些人，我們就會成為這種對象。

當你在心裡責難他人時，多半是出於對他人心懷恨意、憎惡或遭人在背後說長道短；反之，當這些責難對象是自己時，我們可能會感到沮喪，覺得「人家這樣對我，一定是我不好」、「我竟然無法堅強地面對這些攻擊，真是爛到極點了」。

此外，選擇逃避的人，是否就沒有攻擊別人呢？並不盡然。即使當事人認為自己已經選擇閃避衝突，有時反而讓對方覺得這其實是一種攻擊，因為他們可能認為你的閃避，就是自己讓「被忽視」、「被瞧不起」、「被孤立」的原因。

由上可知，儘管每個人面對攻擊的反應不盡相同，但當我們感受到「被擺了一道！」、「這樣下去會被害慘！」等威脅時，請記住要好好面對。

不需要對無理之事反應過度

當人倍感威脅時，根本無法保持冷靜。

首先，我們往往只想盡快排除危機，結果卻因卯足全力解決而無法冷靜地評估得失。由於是衝動之下的反應，往往會因為空有氣勢卻毫無邏輯的回應招致反效果，無助於排除威脅境況。

這就像是害怕蟑螂的人和蟑螂不期而遇時，只會拿著殺蟲劑閉眼猛噴一樣。如此一來，根本無法正確瞄準，也無法冷靜計算如何用最低限度的殺蟲劑，才不致於弄髒周邊環境。

因此，當我們仔細分析攻擊內容時，會發現根本就是歪理狡辯、遷怒栽贓，或論述反覆不一致。

舉例來說，各位應該都曾在出錯時，因為別人一句「你這個人啊，老是……」而怒火上身的經驗。該受指責的明明是「這次的失誤」，而非「平時的你」，換句話說「你這個人啊，老是……」已屬人身攻擊。

本來只要指出對方的缺失即可，這些人卻偏要進行人身攻擊，只因為覺得光是指出失誤的攻擊力道不足，才想找其他藉口來加油添醋。這些人應該是覺得：不火力全開就無法排除威脅吧。

容易感到威脅的人

如同前述，人類只要感到威脅，基本上會做出戰或逃的反應。可是，當問題發生時，我們究竟會不會將之認定為威脅就因人而異了。

接下來，我會向各位介紹一些人類心理。是否了解這些心理機制，將大幅影響一個人對於威脅的感受強弱。闔上本書後，想必各位將比較不容易從他人的非難中感到威脅了。因為你將滿懷「我知道該怎麼處理，所以無所謂」的從容自得。

此外，有一些容易讓人感到威脅的決定因子，就讓我來為各位介紹兩種容易感到威脅的人。

1 心靈受創的人

以往曾受過嚴重創傷的人，多半會變得特別敏感。這些人因為不想再度受傷，會很敏感地察覺到可能與受傷相關的徵兆。所以，即使別人不認為是威脅，他們也比較容易感到危險。

當這份「創傷」不僅止於特定範圍，而是涉及廣泛層面的情況下，換言之，就是曾在受虐環境中成長的人，對威脅的感受也會隨之擴大。只要別人持不同意見，這些人就會倍感威脅，後面（第三十七頁）會深入探討相關議題。

2 難以適應變化的人

有些人純粹只是難以適應變化。他們的個性比較容易焦慮，或是因為亞斯伯格症等因素而有發展障礙的人，只要身旁出現任何變化，對這些人而言等同於威脅。即使仔細分析後，就能明白這些變化根本稱不上威脅，但他們就是會將「變化」視為威脅。

在我們過往的生活經驗中，若我們毫無惡意，對方卻突然暴怒時，有些案例或許就是出於對方難以適應變化。

你的微不足道是對方的威脅

當我們探討攻擊時，切記前述的個別差異。

亦即，我們自認微不足道的事情，或許是某些人眼中的威脅。

通常最令人頭痛的就是「不合理的攻擊」。倘若是自己曾對別人做了某些過分

不知道別人為難你的理由也無所謂

當你感到「為什麼找上我」時……

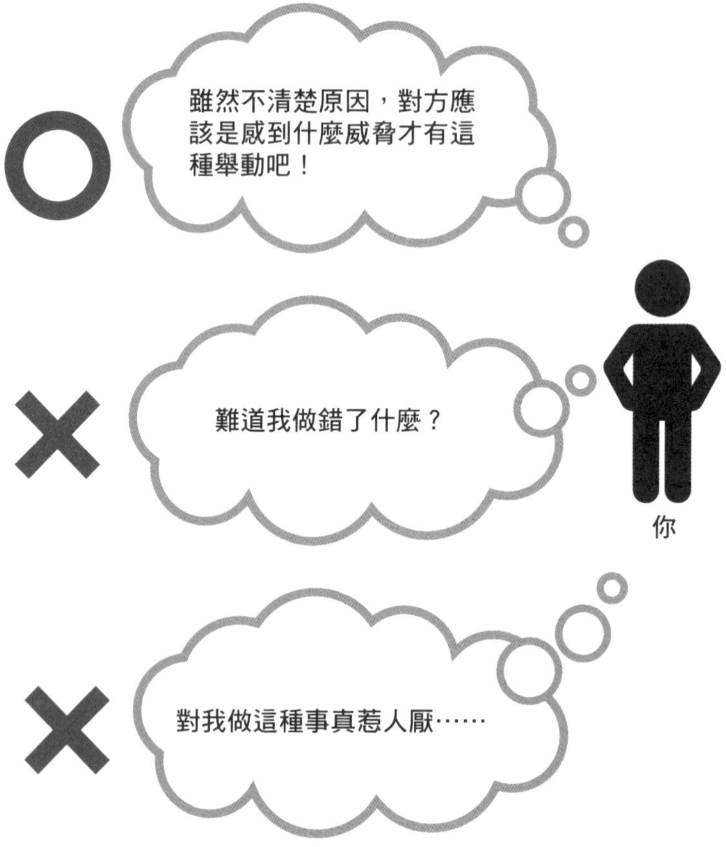

舉動，而遭到對方反擊也無可厚非；但假如我們不曾作惡害人，卻受到毫無道理、丈二金剛摸不著頭緒的「攻擊」時，難免備受煎熬。

這種情況可能會讓我們大感震驚，甚至陷入自虐式思維，不斷質疑自己究竟哪裡不好，加深對對方的惡意和不信任。

後面會慢慢說明如何應對，不過，只要各位把原因想成：**「對方只是單純感到威脅，才會為難我吧。」**放在心上，就能從容自得。

對方究竟怎麼想，只有對方自己知道。

我們雖然無從得知「為什麼找上我？」的真相，只要明白對方是因為某些個人因素而感到威脅進而為難你，那麼我們就可以專心閃避攻擊，無須執著於追究「為什麼找上我」的理由，任由負面妄想持續膨脹。

五種情況，觸發攻擊地雷

前面屢次提到「威脅」這個字眼。其實，讓人倍感威脅的情況，有許多不同的類型。

各位應該不難理解——當我們脫口說出具攻擊性的言論時，若讓對方感到來者不善，進而反擊似乎也無可厚非。這種情況算是單純的「爭執」、「吵架」，而非單方面「受到對方攻擊」，所以只要你願意隨時能喊停。不過，閱讀本書的讀者，煩惱的應該不是這類型的攻擊。

真正令人頭痛的，應該是「莫名其妙的攻擊」。

換言之，「我們無意侵犯對方，卻遭到對方非難」的情況。當我們自認待人接物合乎常理時，對方竟勃然大怒或做出一些討人厭的舉動時，難免讓我們腦中充滿「為什麼找上我？」的念頭。

然而，這種情況下，**「對方只是單純因為倍感威脅才會為難我們」**的大原則是不變的。從客觀的角度來看，即使我們的行為舉止再怎麼合乎常理，亦即若對象換成別人就不會有問題時，只要某位特定人士感到有威脅，就會對我們做出針對性的反應。

究竟是哪些行為會令人倍感威脅呢？主要可以分成下面五種不同類型來探討。

侵門踏戶

人都有各自的苦衷。出身、成長背景、價值觀、今天過得好不好……這些因素的狀況如何，只有當事人自己才知道，也是我們不願別人擅闖的陣地。當別人對這些隱私窮追不捨、妄下論斷，就會讓我們產生個人領域受到侵犯和威脅感，仿佛警報鈴響一樣，對吧。

有時就連「你休假要做什麼」的問題，也會讓人覺得是「探人隱私」；同理，「你們夫妻不快點生小孩，以後會養得很辛苦喔」等閒話家常，則令人有「愛管閒事」之感。

所謂的「奉承」，其實也屬於這一類的心態。

我們為了討對方歡心，而選擇阿諛諂媚；為了不觸怒對方，而不敢斷然拒絕。有些人或許會因為不想遭受非議，而做出奉承之舉。不過，此舉很多時候會招來反效果。

為什麼？因為奉承就是一種企圖駕馭對方反應的心態。

阿諛諂媚的舉動，其實就像先侵門踏戶，再端出「我對你這麼好，你也該對我好才行」的態度來逼人就範，導致被奉承的一方，被迫承受不舒服的煩悶。

聽別人說話，要做出什麼反應是個人的自由。然而，若我們連如何反應都得受人約束，就會萌生一股被侵門踏戶的感受。

不自覺地責備對方

有時我們只是在訴說心中的焦慮，卻讓聽的人覺得自己在「挨罵」。**尤其當我們的發言是以「你」為主詞時要特別留意——因為談話內容已從訴說「自己的焦慮」，轉為「指責對方」。**

假設有位太太，對自己的丈夫說：「你為什麼要把錢花在這種地方？」其實，這位太太不是真的想責備丈夫，只是擔心家裡的開銷，亦即「希望丈夫的回應讓自己放心」。然而，丈夫在聽到「你」的當下，想必認定自己被太太罵了吧。

這種實際上無意苛責對方，對方卻認為自己在「挨罵」的情形，在你我的生活中是很稀鬆平常的事。人在挨罵之後，當然就會因為受威脅而反擊。

受到指責的丈夫，可能會惱羞成怒地回嗆「我工作也累積了很多壓力！」「這種地方是哪種地方？」不過，到底有沒有挨罵，感受當然因人而異。

在受虐或飽受批評環境下成長的人，特別容易因為受到刺激，而迅速進入威脅的備戰狀態。那種會突然惱羞成怒的人，多半都有這種成長背景。

此外，責任心很強的人，只要發現有人不滿意，就會認為是自己的問題，有時也會因此覺得自己在挨罵。因為這些責任感很強的人，難以接受「人生不如意事十之八九，旁人的不滿如耳邊清風」的事實。

踐踏對方珍視之事

當我們萬分珍惜的事物或由衷推崇的價值觀受人踐踏時，我們就會因感到威脅而挺身捍衛。「尊重他人價值觀」的概念不難理解，但實際上人難免還是會犯錯。

為什麼這樣說？我們對長年往來的至交，或許還能了解對方看重哪些事；如果認識不久、理解不深，便無從得知。因此，我們的確有可能誤踩對方的地雷。

要避免誤踩地雷，最好就是避免「先入為主」，這點會在第四步詳細說明。

總之，不要保持「先入為主」的想法看待他人，隨時牢記「一樣米養百種人」的道理，就能大幅降低誤踩地雷的次數。

你我珍惜的事物，看在別人眼中或許不值一哂；反之，我們不以為意的事物，或許正是別人極為重視的寶貝。

恣意做出他人不敢放膽做的事

身為正派的社會人士，想必不時得因為單純在意他人目光而委屈求全、忍氣吞聲地過活，或者因為經濟因素而百般撙節忍耐。

「我其實根本不想去工作，只想在家睡覺。」

「要是有錢，我想過更奢侈的生活。」

「想我行我素、悠然自在，不管他人的眼光。」

縱然內心有許多期盼，委屈忍耐早已是我們的家常便飯。

然而，此時要是有人翩然出現，恣意做了我們拚命咬牙忍耐的事，有時候我們就會忍不住藉故宣洩心中的不滿。

或許你覺得別人做了我們忍著不做的事，究竟哪裡構成威脅了？

因為這是對「拚命忍耐的自己」的一種羞辱。

我們在委屈忍耐時，內心其實懷抱著深深的受害者心態。這份受害者心態，源自於「我是被迫委屈忍耐」的念頭。所以，我們很容易會因為一點小事，自認受到了羞辱。

然而，真正熱愛工作的人，看到游手好閒的人或許會不以為意，覺得「他們找不到自己喜歡的工作，真可憐」。如果是這兩種想法，應該都沒有羞辱的意味。

然而，假如抱持「我是被迫委屈忍耐」的受害者心態，而宣洩出不滿，說穿了就是出於「我應該忍耐」的「應然思考」。

因此，這種出於宣洩的攻擊，多半會搬出冠冕堂皇的大道理，例如「身為一個社會人士，用那種態度過活行嗎？」「如果有想過環保問題，就不會這麼浪費了……」等觀點，來指責對方。

脫口說出「白目發言」

這種情況多半會發生在那些被視為「白目」的人身上。有時他們並沒有惡意，在毫無自覺的情況下脫口說出「無謂的廢話」。

這類型的人，有些只是單純因為戒不掉壞毛病而惹事。當中也有很多人是成長過程中，旁人都理所當然地這樣說話，導致他們根本無從發現自己的問題，直到與廣大社會有更多接觸之後，才會逐漸了解「原來我所認知的常識，不見得是社會的常識」。

此外，患有亞斯伯格症等發展障礙的人，由於原本就不擅長「察言觀色」或「推測他人感受」，以致於他們根本就不知道「這些話會讓人受傷」，而失言連連；有時則是因為他們專注於一件事情上，心裡就只記掛著這件事，完全忽略了其他事，才會講出無謂的廢話。

舉例來說，當白目的人看到別人花大錢買了一套派對用的晚禮服時，只要他們的注意力落在「胸口太開！」的焦點上，就會忽略所有顧忌，包括「人家既然都已經花大錢買了……」、「事到如今，衣服也不能退換了，只是徒增他人困擾而已」、「搞不好是人家多方考慮後才決定買的吧」等等，脫口說出「那件衣服，胸口太開了啦！」

這種人若因為太常遭到旁人反擊，引發許多問題的話，最好向專家諮詢。倘若他們想試著察言觀色，卻又老是失敗，搞不好會打擊他們的自尊；況且要他們去做這些做不到的事，其實是浪費力氣。

若經醫師確診為發展障礙，乾脆承認「自己就是白目的人」，並讓親朋好友了解這個事實，這種人的人際關係，應該就能獲得改善。畢竟有發展障礙的人，就算失言不斷也比較不容易被別人當成是故意的。

此外，若能交幾個好朋友，代替這些人察言觀色，隨時提醒他們「現在不適合說這些話」，就能活得更輕鬆自在了。

自卑感越深，越愛用偏見壓人

前面介紹了當人感到威脅時可能發生的情況，也介紹了萬一遇上了應該留意哪些地方、如何設法應付等等（稍後會再介紹一些訣竅，幫助各位變成對攻擊免疫的人），相信那些說明應該不難理解。

然而，有時候即便你沒有做出特別的舉動，卻仍然會隱約遭受某些人的攻擊。

- **每次開會都否定你的主管。**
- **總是用「高高在上」的態度，批評你的朋友。**
- **愛挑剔碎念的另一半。**
- **說話尖酸刻薄，有虐待狂傾向的客戶。**

上述這些人早已將攻擊內化成自己的行事風格，而不是出於對你的一舉一動感到威脅，才引發戰或逃的反應。

在這些例子當中，所謂的攻擊，其實是來自當事人的武斷。不論是每次開會都否定你的主管、總是用「高高在上」態度批評你的朋友，還是愛挑剔的另一半，甚至是說話尖酸刻薄的客戶，這些人心中都已有先入為主的觀念，以認定「這樣不行啦」的想法為基礎發表言論。

因此，以責備為基本行事風格的人，可以說都是性格武斷的人。

所謂武斷，就是那種凡事不批評一下就渾身不對勁的人。

人在遭逢意外狀況時，都會試圖為眼前的狀況下定義。這是人類生物性的「自我防衛機制」之一，讓我們評估眼前狀況，安全求生的過程。

因此，只要我們評估「那個人有點危險」，就會和他保持距離，設法確保自身安全；當我們認定「這個人口風夠緊」，就可以向他透露秘密。

當我們判斷「這個狀況很安全」，就會放鬆停留在原處；研判「還有不確定因素」時，就不會放下戒心，繼續維持警戒。

像這樣在評估中求生，是人類為確保自身安全所做的當然之舉。

然而，這其實也只不過是「以自己掌握的資訊為基礎，配合自身見解所做出的評估」罷了。

這些評估是我們「個人所面對的現實」，卻不一定是「真相」，甚至可能和對方認知的現實有所出入。

若我們對上面內容缺乏自覺，就會將自己評估的結果，武斷地強加到對方身上。相信很多人都明白「別人的感受可能和我不一樣」，所以不會強迫他人接受自己評估的結果，力求以謙虛的態度待人接物。

不過，平常較少與他人往來的人，往往不會意識到自己認知的現實與別人不同，所以對人、對事的想法，容易流於先入為主的武斷。

讓人武斷的原因？

前面提到（第二十頁），心靈受創很深的人，對威脅的感受範圍較廣，有時會導致他們無法接受「他人感受和自己不同」的事實。

於是，便把「他人感受和自己不同」，視為對自己的否定。到最後，只要有人和他們的感受不同，他們就會受傷並將之視為威脅，因而刻意武斷認定「一定是因為〇〇」，來保障自身安全感。

「說了也聽不進去」、「他根本不管三七二十一，就是堅持自己的看法」等情況，往往都是指這種類型的人。

換言之，這些人乍看之下高高在上，其實內心早已受傷，說穿了就是一群真正缺乏自信的人。

會對別人施加精神暴力（moral harassment）的人，很多都受過心靈創傷。他們會煞有其事、執拗地把你數落得一無是處。

若發生在家中，就是標準的虐待、家暴（domestic violence）。長期活在光是看到臉就被徹底否定的環境，經年累月下來，心理當然會生病。虐待或家庭暴力的施虐、施暴者，都是「要支配對方才能放心」的人。

每個人都是平等的，子女也會有子女的感受。當有人無法認同這一點，非得宰制別人才能放心時，我們就能知道這個人應該相當缺乏自信。如此缺乏自信的人，背後必定有一些隱情。實際上，各位或許知道，許多施暴、施虐者就是在受虐的環境下成長。

儘管情有可原，但宰制別人的行為，無法療癒內心受的傷。

不僅如此，若任由他們宰制，會讓他們的自信心瓦解得更徹底。

要支配對方才能放心的人，在成功支配一切的當下，的確會感到短暫的放心。可是，接下來他們必須睜大眼睛留意「反叛徵兆」，心態上變得更加杯弓蛇影。

因此，如果真的是為別人著想，就不該耽溺於控制別人的快感，而是找專家諮詢，或尋求旁人協助，好好整頓自己和別人的關係。

「成見」導致武斷

下面舉幾個具體的例子。

例 主管只把我視為眼中釘

其他同事都沒挨罵，只有我一個人受到斥責。

只有我一直被分配到大量工作。

為什麼我老是被當作眼中釘呢？

有這種經驗的人應該不少吧？儘管我們可以理解那位主管或許是因為心靈受創才如此武斷，但恐怕很難理解：為什麼偏偏找上自己？而且明明已經再三小心，卻「總是」被主管盯上？

當我們明明確實改善主管提醒過的問題，或向備受主管肯定的同事看齊，結果還是不給臉色看時，主管內心究竟是怎麼想的？

深植於心中的成見

這種主管恐怕早已將成見深植於心中。**因為早期的幾次互動經驗，讓主管認定了某位部屬具威脅性。**

想必是因為這位部屬身上具備的某些要素，讓主管感受到威脅了吧。

同樣是能獨立作業的部屬，看在主管眼中，究竟是「會依指示行動，又讓自己很有面子，是一張安全牌」，還是「行動沒有章法，會威脅自己，是一張危險牌」，兩者截然不同。

總之，當主管心中還有舊傷尚未痊癒，而部屬的行為又帶有否定、威脅主管的安全感要素時，就很容易被認定為威脅。

一旦威脅訊號植入心中，即使日後對方出現再大的轉變，這些人都很難拋棄既

有成見。

為何這麼說？因為他們一直帶著成見看待對方，所以看不到對方身上那些令人可喜的變化。

說穿了，心中有傷未癒的人，為了自我保護很容易心存「成見」。他們很怕再度受傷，因此凡是傷害過自己的人，都會被他們貼上「危險」的標籤，**而這張標籤就叫做「成見」**。

只要我們被貼上危險的標籤，不管我們做再多解釋，展現再多友善的舉動，主管還是會以攻擊性言論或行為回應——因為他就是戴上有色眼鏡來看待你我。

若用專業的說法來解釋，這種成見就叫做「認知」。我們平日待人接物，都是透過一套自己的詮釋（認知）來解讀。

這份認知，反映了每個人的個性、生長背景、既往經驗，以及近期的狀況等。一個健康的人，能夠視情況調整自己的認知。

例如，我們常常對某些人有「討人厭」的第一印象，但稍有往來後發現「其實是個好人」，故而改變心中的評價，不會一直受到討人厭的成見牽絆。

然而，對那些長期遭到虐待或受偏見制約的人而言，世界是個危險的地方，別人都會藉機傷害我的「成見」，早已深深烙印在他們的骨髓中，需要花相當長的時間才能導正。

我想本書的讀者，都不是站在「治療」這些人的立場，因此只要明白：他們心中有一些難以扭轉的「成見」就好了。

然後，我們再來思考一些妙招，避免自己遭受無妄之災。

此外，所謂的成見，其實也算是一種極端的先入為主。因為這些有成見的人，根深柢固抱持著武斷的觀念，認定「眼前這個人很危險」。也由於他們心懷成見，會在諸多情況下讓各種先入為主開枝散葉。

當主管心中種下了「這個部屬派不上用場」的成見後，就算部屬再努力賣命，把工作處理得盡善盡美，終究還是會輸給主管「做事花很多時間，是個無能的傢伙」的成見。

表面上，主管覺得部屬是「無能的傢伙」，但背後代表的意涵是「這傢伙是彰顯我有多無能的存在」，反映了這位脆弱主管的心態。

受不了模稜兩可

另外，還有一些是少了武斷就無法安心的人。因為他們受不了「模稜兩可」和「灰色地帶」。人類本來就是一種充滿灰色地帶的生物，人生更是接連不斷的模稜兩可。人類的多樣性，很難用一句話道盡一切。然而，受不了模稜兩可和灰色地帶的人，很難在這種環境下生存。

受不了模稜兩可的理由因人而異。有些人是因為容易焦慮，所以無法接受模稜兩可；有些人是因為發展障礙等因素，而無從改變。

這些人內心必須經過「其實就是○○，對吧？」的程序才能放心。這種行為原本像是安撫內心焦慮忐忑的救命繩，但對於那些被迫接受武斷看法、質問的人來說，往往變成一種侵擾。

有困擾的人才會發動攻擊

讀到這裡，相信各位應該逐漸明白：會發動攻擊的人，是因為對某些事情感到威脅的人；或是心中有傷未癒，想隨時控制身邊大小事，從中獲得安全感的人；抑或是因為焦慮忐忑、發展障礙，而受不了任何模稜兩可的人。這些人儘管呈現的形態不同，但同樣都是正在發愁的人。

此外，這些人會不會有所行動，有時只是單純反映了他們當天的狀況好壞。簡單說，就是是否「吃錯藥」。

他們可能出於身體不適，也可能當天就是很煩躁、出門前和另一半大吵一架，甚至為了小孩滿江紅的爛成績等，各種情況都有可能成為觸媒。

在這種日子裡，他們很容易為了一點小事而暴躁難耐，對人變得特別挑剔，如同鬧脾氣的孩子一樣，亦即所謂的「遷怒」。

所以還是老話一句：會發動攻擊的人，就是有困擾的人。

此外，當憂鬱症等疾病發作時，也會變得容易攻擊別人。因為當症狀發作時，人的能量會降低，導致平常可以忍受的事突然難以忍受。

各位可以想成是「患者體內連控制情緒的能量都沒有了」，應該會比較容易理解。這種情況，也可以說是他們陷入困擾中。

會發動攻擊的人，就是有困擾的人——仔細想想，這個說法其實很合理。如果我們把攻擊，視為人類感到威脅時的反應，那麼基本上，會發動攻擊的人，都認為自己是「受害者」。易言之，攻擊是「受害者的言行舉止」。

攻擊具有殺傷力，而且多數還會搬出冠冕堂皇的道理當後盾。因此很多時候，那些發動攻擊的人，看起來實在不像「受害者」。

然而，那些發動攻擊的人，自己就是受害者。

請各位謹記一點：若非曾經受害，就不會對別人發動攻擊。

不懂其他表達方式的人

有時候，那些讓你覺得為什麼那個人老是為難我的情況，其實對方並沒有惡意。

舉例來說，患有亞斯伯格症等發展障礙的人，就算本意是想稱讚，也可能會惹人生氣，因為他們一不小心就會脫口說出「你真漂亮！完全看不出來你本來是個老太婆」等激怒人的說詞。

還有一些害羞的人，覺得直接讚美人很尷尬才會說這種話，但往來一段時間後，才發現這種令人不悅的說詞，已經是他們說得出口的一種盛讚。

他們不是因為坐困愁城才語帶挑釁，但從難以妥善表達想法這層涵義上來說，他們的確可歸類為「有困擾的人」。第一步最後，我要以「會發動攻擊的人，就是有困擾的人」作為本章小結。

如果各位都能認同，接下來我們就進入第二步。

第1步 為什麼要傷害我？

1 會發動攻擊，純粹只是因為感到威脅。

2 「心靈受創的人」和「難以適應變化的人」，容易過度反應。

3 「探人隱私」和「奉承」等侵門踏戶的行為，會讓人不住反擊。

4 以「你」為主詞的發言，會讓對方有「挨罵」的感覺。

5 當我們踐踏了別人「重視的價值觀」，或「正在咬牙忍耐的事」，就會讓人倍感威脅。

第2步

當個「旁觀者」，退一步取得化解空間

重點提要

在自覺受到傷害的當下，其實最重要的，就是不讓自己被對方的情緒牽著鼻子走。

這一步將告訴你如何在受挫情緒湧現時踩剎車，讓自己保有掌控全局的優勢。

受到攻擊，這樣做才是贏家

在第二步中，就來學習靈巧閃避攻擊的基本態度吧。這套功夫非常重要，請各位務必逐頁仔細閱讀。

首先，我們要讓對方的攻擊進入「自家主場擂台」。

所謂「自家主場擂台」，就是對自己最有利、最容易出招的地方；而讓對方的攻擊進入「自家主場擂台」，就如同把烹調菜餚用的食材放到砧板上一樣。一旦上了砧板，食材要殺要剮，就都任憑各位處置，說不定還能盡情把玩一番。

不過，前提是要先了解「人在受到打擊時，會出現什麼樣的反應」。

為什麼這麼說？當你把別人的言行當作攻擊時，就表示自己受到了「打擊」。

如果不知道如何因應，就會被這些打擊牽著鼻子走。

人在受到攻擊時，會出現某些反應。不過，就算我們因此大受打擊，後續還是可以調整對這些攻擊的看法，早日從中重新站起來。

然而，人在受到打擊之際，身心方面會出現下面介紹的狀況。這些都是自動出現的反應，與個人意志無關，而且會持續一段時間，就像腳趾踢到東西時，痛覺會逐漸襲來一樣。即使我們拚命想轉換心情，告訴自己「別再痛了」，痛覺還是會持續一段時間。

人類對於打擊的反應，就和這份痛覺一樣——就算我們願意改變看法，影響還是會持續一陣子。

因此，除非我們坦然接受「打擊目前對我產生了一些影響，而且影響暫時還會延續」的事實，否則等同於在責備「無法轉換心情的自己」。

接下來，就一起來看看人在受到打擊時，會出現什麼樣的反應。

受到打擊不過是種「正常反應」

當我們因為打擊而受傷時，首先這段不快的經驗，會讓你產生「不想再來一次」的反應，極力想逃離或極力排除可能重蹈覆轍的狀況。

被旁人傷害過後，會提高我們對人的戒心，竭力迴避那些可能帶來傷害的人，甚至因為一點小事煩躁不已、起身反擊。

打擊對於人際關係的影響，不僅會以「迴避」、「關上心門」、「提高戒心」等方式呈現，也可能導致「一觸即發」的發怒。

人在受到打擊的當下，特別容易感到威脅，幾乎可說是一點小事就能觸發不快感，進而做出戰或逃的反應。

這種受到打擊的心理狀態，容易使人對那些平常不以為意的隻字片語輕易激得惱羞成怒。

這份戒心也會在當事人身上發威。所以受到打擊的人，會開始挑剔、懷疑自己

「是不是也有錯」？萬一發現自己有錯，就會再度受到相同的打擊。此舉簡直和地震後檢查自家耐震結構的行為沒什麼兩樣。

為什麼會回頭挑剔自己呢？因為這次換攻擊找上門了。

這種自我挑剔會非常嚴格。因為只要稍有鬆懈，不知何時還會遭人非難，所以當事人會相當嚴格、不厭其煩地挑剔自己。

而這種自我挑剔，會喚出「缺乏自信」的心態。

當事人會覺得自己至今所做的判斷似乎全盤皆錯，開始認為自己「很沒用」，甚至覺得自己連感受都是錯的。

即使已經決定「就這麼做吧」！下一秒又萌生絆自己腳步的念頭，心想「不，這樣應該行不通吧」而搖擺不定……這種心態，也是在人遭逢打擊時，很具代表性的獨特感受。

當我們喪失自信時，能否明白自己「打擊只不過是一種正常反應」，對後續的

發展影響甚鉅。

要是不明白這個道理，甚至可能會懷疑自己過往人生的一切，陷入無謂的惡性循環中。光是受到打擊已經夠教人吃不消了，若加上自我懷疑，等於為自己製造多餘的壓力。

實際上，只要各位能明白自己是「因為遭受打擊，而出現了一些反應，人生不會因此造成任何缺損」，就能活得更自在。

如何避免無預警的攻擊

當然，旁人的找碴不見得都會對我們造成打擊。

例如，當太太責怪丈夫「你的襪子又脫了亂丟！」時，這種「又在嘮叨」等級的責備，頂多是日常瑣事，不足以令人大受打擊。至於怎麼樣的非難最容易讓人受到打擊呢？想當然攻擊內容越嚴重，就越容易造成打擊。

此外，還有一種容易造成打擊的情況，那就是「無預警的攻擊」。

在毫無防備時突如其來的「奇襲」，帶來的影響最為全面，因此比較容易造成打擊。

同樣是遭逢攻擊，如果屬於「反正他就是會說這種話」等可預期的情況，那麼應該不會形成太大的打擊。

另外，若攻擊屬於難以掌控的情況，也會造成打擊。

不過，只要了解因應之道，那麼即使是遭遇冷嘲熱諷，也不致造成太大的打擊。然而，要是我們不懂如何應對，就會任由眼前發生的事件擺佈，自然也比較容易受到重創。

舉例來說，當主管說：「交代你什麼事都辦不好，真沒用。」相信很多人會大受打擊。這種人身攻擊式的說詞，會讓聽的人感到絕望，進而萌生「到底該怎麼做，才不會再說我沒用？」「既然我的一切都被否定了，做什麼也沒用了」的念頭，這就是一種「無法處理」的打擊。

不過，要是我們掌握一些因應之道，例如「這個主管凡事都要批評一番才過癮，只要應聲附和，聽完就沒事了。」「聽到這種意見時，只要說『你說的有道理！我會再接再勵，請你多多指導！』來能讓主管的心情好轉」等方法，就不致於受到太大的打擊了。

可是，所謂的「因應」，也不是做什麼都好。

「才沒有！我有用我的方式在努力！」

很多時候，就算回話辯駁，也不會減弱事情造成的衝擊力道。反駁或許能讓你勉強「贏了」當下的口舌之快，但事後每次回想，被嫌棄沒用的不悅感依舊揮之不去。

這種情況下，遭受攻擊的當事人，其實不算妥善地控制了整個情況，反而是被捲入了當下的狀況中。所以那股煩人的情緒，才會一直揮之不去。

逞口舌之快的舉動，其實沒有了解因應攻擊之道的真諦。

只要你能充分了解本書內容，就能明白如何因應突如其來的非難，逐漸變得不易受到打擊。若能讓你培養出「不論是什麼攻擊，儘管放馬過來！」的胸懷，那就太好了（當然遇上攻擊不是什麼令人愉快的經驗，因此，第六步會談如何不成為攻擊標靶的訣竅）。

要是你覺得「自己很沒用」，而且念頭越來越強烈時，往往會開始回想「我的人生究竟從哪裡開始走錯路了？」

這時，就嘗試承認「自己應該是在某處受到打擊了吧」。

接著，請參考前面介紹的「容易造成打擊的情況」，找出究竟是什麼因素為自己帶來了衝擊。找到最根本的攻擊，再來學一些看待事情的觀點，之後會詳述。

經過一番調整後，你就會慢慢發現其實攻擊根本不存在，心情上應該也跟著輕鬆許多。

不過，倘若打擊的程度輕微，我的方法確實能立即扭轉人心中的認知；要是打擊的程度嚴重，就需要花一些時間才能讓人身心復原。

當你的認知已經改變，但還是對人有所恐懼或缺乏自信，心中仍危疑不定時，請溫暖地陪伴自己療傷，你總有一天會痊癒的。

「找麻煩」也是一種「求救」訊號

我們在第一步中，已確認「會發動攻擊的人，就是有困擾的人」。若能平心看待那些非難你的人，那麼你等於完成第二步的任務了。

不過，相信還有不少人覺得「你說的我都知道，可是說歸說……」所以，讓我再從幾個不同的角度切入，進一步說明。

別把非難當一回事

例　明明是前輩出錯，卻指責我不對。

面對這種不合理的攻擊，該怎麼做才能事情進入「自家主場擂台」呢？

首先，必須試著站在前輩的立場思考。

前輩在工作上出了紕漏，處於非常棘手的窘境。這下子不僅丟臉，說不定還會造成工作上的實質危害。

若是小疏失，或許多數人都還能從容應對，但對前輩來說，這次的紕漏，應該讓他覺得超出自己可處理的能力範圍之外了吧。

對前輩而言，這個紕漏就等於巨大威脅。

各位不妨把前輩的舉動，當作是對眼前的年輕同事哀號著「救救我！」的訊號。

實際上，或許前輩正在心中哀號：「我的臉都丟光啦！這下子我可能會信用破產、萬劫不復啊！我根本沒能力處理！快幫幫我啊！」

如果每個人都能坦然說出自己的窮途末路，人生在世應該會活得更自在。

容我再三強調，當人類感受到威脅時，就會進入「戰或逃」模式。

然而，出了社會之後，我們無法隨意拋下職場逃跑。

儘管想對眼前的年輕同事高聲哀號「救救我」！一旦遭逢大難當頭，卻只能任由手腳慌亂，讓說出口的話變成粗暴的「遷怒」。

如同溺水的人，會胡亂緊抓前來營救的人一樣（有時甚至還會掐住他們的脖子）——他們根本沒有餘力顧慮對方或親切待人。

在前述例子當中，多數人後來都會主動反省，覺得自己「對年輕同事做了不該做的事」、「說得太過分了」等等。

人在受到威脅時，身心就是處於危機處理模式。冷靜下來後，回頭想想，就會發現自己其實可以不必把話說得那麼過分。

其實根本沒遭到攻擊

要是你身邊有前輩說：「我的臉都丟光啦！這下子我可能會信用破產、萬劫不復啊！我根本沒能力處理！快幫幫我啊！」你會怎麼辦呢？

或許有人會選擇伸出援手，也有人會覺得「雖然他很可憐，但我自己都窮於應付了，實在愛莫能助」。

無論如何，問題終究是「前輩面臨窮途末路」，這一點絕對錯不了。只要你能用「前輩沒有攻擊我，純粹只是遇上困難」的觀點來看待這個問題，就不再是遭受攻擊的受害者了。

走下「受害者」的寶座，回到「自家主場擂台」，就能變得從容自在。至於接下來要伸出援手，抑或袖手旁觀，或者出手改善情況，都是你的自由。至於實質的因應措施，就留待下一步再探討。

反過來說，若你一直留在受害者寶座上，不僅自己會受傷，還會走上「對方的主場擂台」。

然後，我們也會因為前輩的指責而感到威脅，進入「戰或逃」狀態，雙方就此陷入相互傷害的惡性循環中。

別走上他人的主擂台

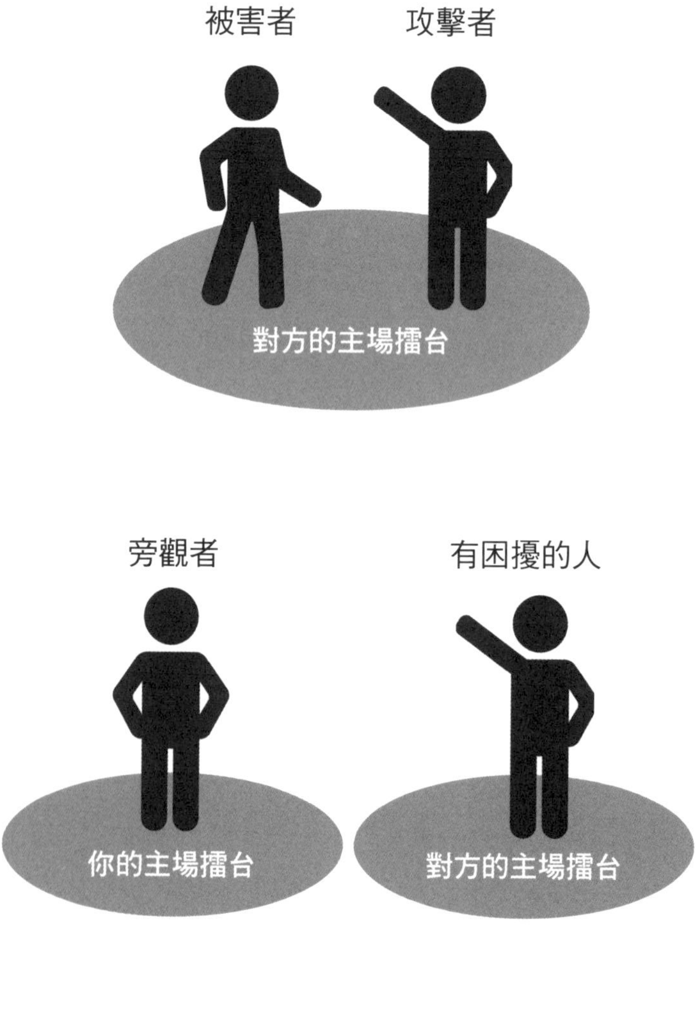
被害者
攻擊者
對方的主場擂台
旁觀者
有困擾的人
你的主場擂台
對方的主場擂台

如此一來，我們將無法駕馭自己，造成精神上的虛耗，或被憤怒情緒牽著鼻子走，最後將無法控制整個事態的發展。

「選擇忍耐」和「根本沒人找我麻煩，對方只是有困擾罷了」的心態，即使最後都同樣把你導向「沉默以對」，但內心的感受完全不同。

前者是遭到不合理的對待（受害一），再加上忍氣吞聲（受害二），等於「雙重受害者」；有時甚至還會自責，覺得「連這點小事都要生氣，真沒度量」（受害三），成為「三重受害者」。相對的，後者的心態能讓人海闊天空、無限自由。

為難你的人，其實也在為難自己

要把那些令人不悅的非難，當作是「有困擾的人」來看待，對某些人來說或許還是很難接受。

想必你會覺得：這個人對我做了這麼過分的事，為什麼還要對他好？

然而，請先了解一件事：「換個角度思考」是為了自己，而不是為了對方。

倘若你一直以受害者自居，心中的「受害者心態」就會越來越強烈，也會加深自己「束手無策」的無力感。可是，只要願意走下受害者的寶座，就能為自己做主，自由選擇如何處理眼前的狀況。

最重要的，就是當你抱持著「哦，那個人有困擾」的觀點時，會比覺得自己「被

擺了一道！」更從容自在。

還有一個重點，那就是為難你的人，其實一點都不好過——明白這個事實，應該對會有些幫助。

某些情況下，發動攻擊的人，看起來的確像是在享受這份的樂趣。這種情況，確實很難把對方看作是「有困擾的人」。

然而，除了極少數的喪心病狂（這種人真的非常稀少），**人在為難他人時，其實也是在為難自己。**

請試著假想一下自己在責備別人時，應該不會覺得舒暢快活才對。你會膽戰心驚、身心處於高度緊繃的狀態，擔心自己會不會有哪裡被挑戰。**會有這種反應很正常，因為攻擊他人，等於向對方宣告「反擊的目標就在這裡」。**

只要稍有破綻，就會被反將一軍。因此會一直處於劍拔弩張的緊繃狀態，必須不斷嚴格地挑剔自己，簡直跟打仗一樣。

此外，你也會開始在意，這些言行對周遭的人際關係會產生什麼影響。例如，你責備完別人後，是否曾想告訴其他人自己說了哪些話？

這個反應並非純粹想炫耀自己的英雄事蹟。一方面是因為需要支持，得到其他人的共鳴，聽到「說得好啊」、「你就應該這樣說」之類的回應。

畢竟在人在對某個人發動攻擊後，儘管當下打了勝仗，但若眾人選擇同情對方而孤立攻擊者，那可就不妙了。此外，還會擔心是否被視為「暴躁易怒的危險人物」，伴隨著種種不利因素。

換言之，攻擊別人等於攻擊自己。

習慣性發動攻擊的人，除了是旁人眼中不討喜的角色之外，自己也隨時都在吸收有害物質。

這種人往往也很討厭自己，我想這點也很理所當然。因為每當他們對別人說三道四的同時，自己也從中吸收了負能量。

如果你還是自認有錯

有時候，雖然理智上明白「會發動攻擊的人，就是有困擾的人」，但只要創造出攻擊契機的是自己，就會覺得自己還是有錯。

然而，不管在什麼情況下，學會不去想「因為我有錯，所以才會遭到攻擊」，貫徹「因為對方有困擾，才會攻擊我」的觀點，至關重要。

這句話究竟是什麼意思？就讓我們一起看下去。

當對方言之有理時

來自主管的指責，在形式上看似惱人的攻擊，但有時這些指責，確實是有值得虛心聆聽之處。

根據前述內容，有人可能會提出質疑：難不成應該把所有攻擊者都當成有困擾的人嗎？

我的答案是「YES」。為什麼這麼說？倘若把對方的一言一行，都當作針對自己的攻擊時，就很難坦然接納對方真正想傳達的內容。

代表自己的身心尚處於「受打擊模式」，會想方設法地自我保護，睜大眼睛找尋自身的不足之處，以至於很難平心接受對方給的忠告。

主管的說詞固然言之有理，但既然是以攻擊的形式呈現，就代表主管正在發愁。倘若真的想站在教育的立場，把言之有理的內容告訴部屬，那麼即使發言聽起來有點攻擊意味，主管應該能讓部屬聽出「啊，主管是為我好，才會把話說得這麼重」的感覺或以好言勸慰取代責備。

當上述情況都沒出現時，代表主管自己也在焦頭爛額。亦即，主管並沒有仔細考量清楚才指導部屬，而且有些部分流於情緒。

因此，「會發動攻擊的人，就是有困擾的人」在這裡也適用。

當我們把觀點改換成「主管有困擾」後，應該就不會再做出過多的防衛。

只要回顧各種狀況，想想自己做了什麼讓主管煩心的事，就能從主管的「哀號」中，找出「想表達的重點」。接著，就能毫無抗拒地向主管坦然道歉，說聲「這次真的很不好意思，我下次會注意！」讓主管放心。

若對方是講理的主管，說不定能趁機了解彼此真正的想法。

認為自己真的有錯時

有時候，事情已超越虛心聆聽的境界，而是我們衷心認為自己有錯，輕易被罪惡感擊潰。不過，即使如此，懂得懷抱「會發動攻擊的人，就是有困擾的人」的觀點，仍然相當重要。**為什麼？因為罪惡感是一種非常自私的情緒。**

當我們被罪惡感擊潰時，其實我們只考慮到自己——滿腦子都是「有錯的自己」，完全沒有顧慮到「那個正在煩惱的人」。

即使想為對方做些什麼，思考仍會聚焦在「該做什麼才能求得原諒」，看不到「對方真正需要的是什麼」。越是真心認為自己有錯，越會想為對方做些什麼。

所以，這時懂得把對方當作「有困擾的人」，尤其重要。

提高自我肯定感遠離攻擊

其實面對攻擊，最關鍵的重點是每個人的自我意識。

相同際遇之下，自我肯定感（self-affirmation）高的人，比較不會認為自己遭到攻擊，而自我肯定感越低的人，往往越會認定自己遭到攻擊。

會有這種現象，當然是因為自我肯定感低的人，需要別人的肯定才能活得下去，所以對旁人言行特別敏感，只要從中找到些許負面元素就會認作威脅。

反觀自我肯定感高的人，不僅對旁人給的評價好壞不敏感，還很清楚「好壞都只是對方的感受罷了」。除非來者的惡意昭然若揭，否則他們不會將「對方的負面感受」直接聯想到自己遭到攻擊。

想要靈巧地閃避攻擊，關鍵在於自我肯定。然而，造成自我肯定感低落的背景，或許背後都有一段很長的故事，所以要立刻學會正向思考，拚命要自己「喜歡自己」，恐怕沒那麼容易。因此，請不要為自己設定一個遙不可及的目標，要求自己得在轉瞬間克服所有過去。

最踏實而有效的方法，就是讓書中再三強調的「會發動攻擊的人，就是有困擾的人」觀念在心中紮根。一旦感到「自己被攻擊」時，想起這句話就夠了。

不必勉強自己改變想法，也可以保留自己心中「但這個情況再怎麼看，就是遭到攻擊」的結論。不過，懷抱些許「對方或許有困擾」的看法，日後就會成為扭轉人生的魔法。

不對號入座，自然免受傷害

儘管大多數的人能接受「會發動攻擊的人，就是有困擾的人」的看法，但應該還是有人認為「我才沒有困擾，那些攻擊都經過冷靜精算後的行動」，或「我的攻擊才不是在求救，而是尋求改變的方法」。

最典型的反駁，就是打著「為實現〇〇而戰！」的口號，攻擊反對勢力的例子。確實，有些看似刻意為之的攻擊，常被用來當作落實正義、帶動社會積極向上的有效方法。

攻擊確實有其力道存在，或許也因為如此，才會讓人以為有一定程度的效果。**然而，攻擊帶來的其實是反效果。**

為什麼？我再三強調，人類有一套「戰或逃」的反應機制。因為人在遭到攻擊時，通常會進入備戰狀態。

在人際關係當中，如果有一方採取攻擊手段，那麼接招的一方自然也會啟動「自我防衛」機制。

當我們想改變人際關係時，需要爭取對方的協助。

然而，若你是以攻擊爭取協助，對方即使口頭上答應提供協助，只要內心不認同，就不會認真奔走、出力，有時甚至還會背叛我們。因為從對方的角度看來，自己是「在脅迫下屈服」，有上述反應完全不意外。

所以，當各位想尋求改變時，攻擊其實是效果最差的一個方法。

如果只是為了虛張聲勢而發動攻擊，或許還有意義；若想贏得實質戰果，就該力求避免。

要是有人連這樣冷靜地精算得失都不懂，就逕自發動攻擊，那麼說他們有所困擾也不為過。

遭逢攻擊時的反擊，也適用同樣的邏輯。

遭逢攻擊時的反擊，其實根本就沒有效。

至於要如何掌控全局，讓事態朝自己預期的方向發展，下一步會介紹幾個有效的方法。

在此之前，還有一點要放在心上。

你不是受害者，是「自由的旁觀者」。

前面探討了一些讓攻擊進入「自家主場擂台」的方法。一言以蔽之，就是在發生問題時，選擇以「會發動攻擊的人，就是有困擾的人」看待。

只要一心認定「自己遭到攻擊」，我們就一直都是無能為力的受害者，無法妥善地掌控全局。

然而，當我們選擇以「會發動攻擊的人，就是有困擾的人」心態，來看待問題時，

我們就不再是受害者，而是「自由的旁觀者」。

你可以對眼前那個坐困愁城、發出哀號的人伸出援手，也可以使出稍微嗆辣的高招。或者，乾脆袖手旁觀。

下一步，就讓我們以輕鬆的心情，看看有哪些妙招，能幫助我們靈巧地閃避攻擊，進而掌控全局。

第2步　面對攻擊如何全身而退？

1 因攻擊而大受打擊的感覺是「正常反應」，不用太過放在心上。

2 非難你的人也在非難自己。

3 遭到非難不是你的錯。
那些責怪其實是對方的求救訊號。

4 自認有錯的罪惡感是一種自私的情緒。
別想「如何求得原諒」，而要思考「對方真正的需要是什麼」。

5 別把自己當成「受害者」，而是有「選擇自由」的旁觀者，剛好遇上一位有困擾的人。

第 3 步

人際斷捨離，情緒風暴傷不了你

重點提要

每個人都有各種交情深淺不一的人際關係，雖說唯有你重視的人能讓你受傷，但即便是老死不相往來的關係，也有可能造成意想不到的傷害。

本步驟將告訴你如何根據交情深淺，決定應對方式，以及透過理解對方心態，幫助自己將傷害降到最低。

根據「在乎」程度，找對因應方式

當我們遭受攻擊時，有些情況可以當場閃避就好，但也有些是置之不理就會遭殃的情況。

這兩者之間究竟有何不同？讓我們一起來想一想。

依交情深淺來因應

在第二步當中，我們已經談過：所有人都適用「會發動攻擊的人，就是有困擾的人」這個原則。

以此原則為基礎，再根據你與對方的關係，來思考自己該「如何因應」。

如果對方今後不會再與你有任何交集，那麼只要想辦法閃避眼前的攻擊，讓自己別因此而承受壓力即可。

不過，如果對方是親朋好友，那麼光是閃避不夠，還要讓對方做出我們想要的舉動，改善彼此的關係才行。

即使和對方的交情不那麼深厚，若我們遭受對方不合理對待而置之不理，反而會引來其他人的誤會，導致我們的處境更加險惡。像這種情況，就需要設法處理。

釐清人際關係的輕重緩急

要判斷眼前的攻擊是否需要設法處理，不妨先從釐清人際關係的輕重緩急開始。生活中的人際關係，大致如下：

1 重要他人

和我們最親近，而且非常重要的一群人，包括家人、男女朋友和知心好友等。

以專業術語來說，這些人稱為「重要他人」。

有些重要他人或許會覺得彼此之間已經缺乏「重要」的感受，例如長年相伴相守的夫妻等，那也無妨。

各位只要這樣想，應該就能了解這個概念：當這個人出事，會對你造成極大影響的，就是重要他人。

2 熟人

雖不至於達到「重要他人」的地步，但尚稱熟悉的一群人，例如親戚、朋友等。

3 工作上的往來

還有一些是來自職場或社會地位而生的人際關係，例如工作上的往來等。一旦我們離開該身分，這些往來基本上就不會再延續下去。

我個人不是很熟悉的「媽媽朋友」等人際關係，其實也屬於這一類，因為它也是基於「媽媽」這種社會上的身分，所發展出來的人際關係。

4 其他

稱不上有人際往來，例如只在網路上互動的網友，或是偶然走進店裡時遇上的店員等。

經過這樣的分類整理之後，應該就比較容易釐清人際關係裡的輕重緩急。

與重要他人之間的關係

首先要看的是第一類的「重要他人」。

一般來說，我們最好細心留意自己和他們之間的關係。這類人即便在彼此關係深厚的情況下，也容易為了些微的歧見，演變成嚴重的誤會。

因為「只有自己一直委屈忍耐」而離婚的人，絕不在少數。這也是因為另一半對細微歧見置之不理，導致問題不斷累積，最後超過當事人能容忍的極限，才造成的結果吧。

「閃避」或「設法處理」，要視關係而定

關係			
1	**重要他人** 家人、男女朋友、知心好友等	→	基本上要設法處理
2	**熟人** 朋友、親戚等	→	在必要範圍內設法處理
3	**工作上的往來** 主管、同事、媽媽友等	→	對工作不會造成影響就閃避
4	**其他** 只在網路上互動的網友、店員等	→	閃避

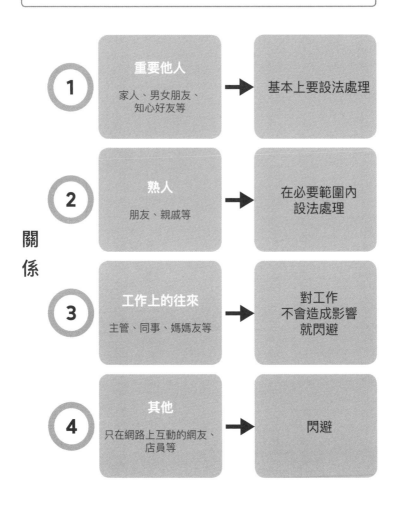

此外，「重要他人」會對我們的精神層面帶來極大影響，所以鞏固此類關係的品質，對各位必定有所助益。

當然，並不是彼此的關係親近，就非得設法處理不可。

若對方的不當言行，純粹來自對「打擊的反應」時，建議你不妨睜一隻眼、閉一隻眼，想著「啊，你真的很煩惱啊」，藉此讓彼此的關係更深厚。相信對方日後一定會感激這份寬容接納的胸襟。

與親朋好友之間的關係

若對方為親朋好友關係，則有兩種應對方式，一是希望對方明白某些事；另一種是乾脆放手。例如，老是囉嗦個沒完沒了，但沒有惡意的阿姨，就只要想辦法閃避即可。

然而，當朋友的不滿可能導致友情變質時，就需要設法處理，例如「把自己的感受告訴對方」等。

工作上的往來

若是職場上的人際關係，那就更要限縮範圍，釐清哪些是該設法處理的攻擊，而判定標準則是「該項工作」能否持續順利進行。如果對方的非難不會對工作造成實質災情，只要靜待事情過去即可。

因為心情受到影響，而覺得別人的非難對自己釀成災情的人，在執行本書的建議後，應能幫助你盡可能將「災情」降到最低。

先決定如何處理彼此的關係

究竟該如何因應旁人的找碴，就要先思考自己打算如何處理彼此之間的關係。

如果對方是你「不想有太多牽扯」的人，處理原則應該是「別讓今天過得不開心」、

「總之就大事化小、小事化無」。此時，你就只要輕輕放過就十分足夠了。

所謂「不想有太多牽扯」的人，包括彼此關係只限當下的人，或本來覺得是朋友，但已經發現彼此頻率不合，未來不必再深入往來（不當朋友也無妨）的人。

如果對方是「想更親近」、「想加深彼此關係」的人，例如男女朋友等，盡量多了解彼此比較好。所以，我們不能只是一味閃避這類人的攻擊，還必須多想一些辦法來深化彼此之間的關係。

倘若對方是一起工作的夥伴，那麼處理攻擊的最終目的，自然就會是「不要影響工作」、「讓工作能順利進行」了。在閃避攻擊的同時，上述這些對工作、職場的顧慮，也是我們應積極處理、不容忽略的重點。

不揣測背後理由，讓攻擊停在對方身上

例 你問了店員一個問題，店員竟以一臉瞧不起人的態度回說：「你自己查一下不就知道了。」

這種輕蔑的態度，簡直是把你當作沒常識、沒知識的人，確實是很令人不舒服的攻擊。

不過，在這種情況下「會發動攻擊的人，就是正在有困擾的人」原則一樣適用。可以試想：店員為什麼會擺出這種態度？想必是有某些事讓他發愁。

或許你問的，是他回答不了的問題。

或許他正忙得不可開交，無暇回答。

或許是因為他壓力太大，心情不好。

或許他才剛被公司開除。

或許他從小就心靈受創，只會用那種態度對待別人。不論原因如何，這個人的確是「有困擾」。

或許各位會覺得「我可以接受對方是個『有困擾的人』，但從事服務業，怎麼可以用那種態度對待客人？」

不過，我們不需要免費幫商家指導店員，這是負責員工訓練的人該做好的工作。我們有我們自己該做的工作、該負的責任。

因此，我們該做的，不是「指導店員」，而是「讓事情過去，盡可能別留下不愉快的回憶」。

可能有些人會覺得：「是不是我問的問題不對？」說不定的確如此。

然而，對方既然從事服務業，就該注意自己的說話方式。換個角度來想「如果你是店員，會那樣說話嗎？」應該很容易明白我的意思——那位店員其實可以用更客氣的方式說話。

另外，「不擅自詮釋對方說的話」也是一個方法。

既然我們已經決定自己該做的，是「讓事情過去，盡可能別留下不愉快的回憶」，我們就要把對方當作是「有困擾的人」，避免進一步加深這份困擾。

這不是出於給對方的善意（當然你也能選擇懷抱親切的善意），而是因為對方本來就有困擾，如果讓他們更煩惱，只會讓他們因感到威脅，做出更激烈的反應。如此一來，便會遠離「讓事情過去，盡可能別留下不愉快的回憶」的目的，虛耗時間和心力。

那麼，究竟該怎麼做，才不會讓對方的困擾雪上加霜呢？

就是不為對方所說的話做任何詮釋。

不把店員的舉動，詮釋為「店員不該有的行為」；也不把別人說的話，詮釋為「傷害自己的言論」。只要秉持「我知道那是有困擾的人在哀號，但對他哀號的內容沒興趣」的心態即可。

說得更具體一點，只要我們不開口說：「你那是什麼態度？我就是不知道才問你啊！」就不會刺傷自己，回答一句：「哦，是嗎？」就好。

當我們自行詮釋對方所說的話，他們就有可能感到威脅——畢竟這些人原本就是這種態度，會因為一點小事受到刺激。如此一來，他們就會永無止盡地陷入惡性循環中，磨你的心力或時間。

你覺得這種人值得花那麼多心力嗎？對方既不是你的家人，也不是你的男女朋友，恐怕不值得如此勞心勞力奉陪吧。這樣想就好了。

把挑釁當「狗吠火車」，避免惡性循環

「不為對方所說的話做任何詮釋」其實就是要讓對方淪為「狗吠火車」狀態——我們是「火車」，受到再大的攻擊，也不會有任何變化、昂然而立。

拿出「不把攻擊當一回事」的心態。要是把對方的舉動當作一回事，自然就會引發「戰或逃」反應。

換言之，若我們選擇應戰，不再是那輛堅實的「火車」，對方出多少力就能傷害我們幾分，同時也為對方的下一波攻擊提供新能量。

若你還是覺得「身為服務業從業人員，這種態度大有問題，希望他們改正」，那麼找商家反映，會比找當事人更有效。商家若有心提升服務品質，就會把顧客的意見反映到員工訓練當中。

然而，找商家反映時，如果採取過於強硬的態度，會使我們受到反擊力道的影響。至於該用什麼方式來表達，請各位參考我在第四步中介紹的做法。

依你想要的未來而不同

例　你和朋友出外旅遊，辛苦安排了所有食宿行程，卻被嫌「房間好暗」、「早餐好難吃」。

辛苦張羅，卻換來連連抱怨。這種被挑剔到受傷的心情，我很能理解。

然而，要是我們不慎把整件事視為攻擊，脫口說出：「那都給你弄可以吧！」對方或許會再反擊：「是你說包在你身上的啊！」於是當下的氣氛，就掌握在對方手上了。如此一來，難得的旅遊就搞砸了。

即使在這種情況下，各位還是有機會掌控事態發展。首先，我們要先考慮自己打算如何處理和對方之間的關係。你以後還想和這種朋友一起旅行嗎？

如果對方真的是很重要的好朋友，就請你依第四步介紹的方式，和對方談談。要是對方可以理解，想必你們的友誼會變得更深厚。

然而，既然這位朋友會不停抱怨，表示對方性格上可能有點武斷或強迫性。這種朋友留在身邊，今後似乎不會有什麼好事。

若是如此，你不妨考慮其他選項，例如維持友誼，但不再一起旅行，或降低和這位朋友之間的交情水準等。

別捲入對方的災難中

若你決定未來不再和這位朋友一起旅行，那麼就只要「讓事情過去，盡可能別留下不愉快的回憶」即可。處理原則和前面一樣，就是不為對方的言行做任何詮釋。

然而，這個案例和面對店員不同，既然當下暫時還要和對方一起旅遊，希望整趟旅程還能維持一點悠閒愉快的氣氛也無可厚非。

此時，建議你不著痕跡地和對方的災難保持距離，例如回應「是喔？我蠻喜歡這個房間的」、「這樣啊，我覺得蠻好吃的欸」等等。

「房間好暗」、「早餐好難吃」等，都是對方自行認定的災難，一旦附和，自己也會成為受害者，或淪為造成這個局面的加害者。亦即，捲入對方的災難中。

要和災難保持距離，就是別為對方的言行做任何詮釋，用「是喔」、「這樣啊」帶過，宣示自己「並未遭受任何災難」即可。

難得出外旅遊，就自己玩得開心點，避免捲入對方的災難裡吧！

對有困擾的人，送上一聲慰問

例　前輩說：「你自己看著辦啦！程度有夠爛耶。」

這句話顯然就是語言暴力。

只要想想自己會不會對別人說這種話，就知道前輩的這番意見，根本不必放在心上。

前輩會說這麼惡毒的狠話，想必是因為他正處於某些倍感困擾的情況中，而且找不到解決辦法。

「自己看著辦啦」這句話，表示他希望我們「看懂他需要什麼並主動幫忙」。可見他已處於坐困愁城的狀態。

當我們受到打擊時，或許會覺得是不懂得見機行事的自己有錯。

但懂得如何描述自己的困境、需要什麼協助，是每位出社會的人該具備的基本常識，而沒做到這件事的人，其實是那位前輩。

這種時候，只要回歸「不為對方言行做任何詮釋」的處理原則，就會明白我們該說的話是「不好意思，辜負了你的期待」。

前輩的期待確實不妥，我們沒有必要認真看待這份期待，甚至還為此感到沮喪。

況且，若你回應對方「你的期待不切實際」只會讓事情更加惡化。

不過，我們的確沒有回應對方的期待，因此只要描述這個事實即可。

賠罪的「不好意思」和慰問的「不好意思」

接著，我們只要對失心瘋的前輩，送上一句「不好意思」就夠了。

然而，這句「不好意思」，並不是因為承認自己疏失而賠罪的「不好意思」。

一旦承認自己有疏失，等同於承認對方「你說的對」。

各位可以把這句「不好意思」，當作單純的慰問。

主要是希望各位姑且先不論是什麼原因，先對眼前這個因為感到威脅，而處於失心瘋狀態的人，送上「一聲慰問」。

畢竟對方正因為威脅而承受水身火熱的壓力，應該值得你送上一聲慰問。

下面兩種心境，你願意選擇哪一種？

覺得自己是「根本沒做錯事情」的受害者，心不甘情不願的說「不好意思」賠罪；和對有困擾的人送上「一聲慰問」，所說的「不好意思」——兩者之間的心境截然不同。

先閃避，再套交情

例　來家裡作客的婆婆，說了一句：「哎唷！這調味也下得太重了吧？」

這種情況也一樣。

如果和對方的關係，僅止於「到家裡來作客的婆婆」，那就只要當場聽聽，不必為婆婆的言行做任何詮釋，回一句「哎呀？真的嗎？」就行了。若能再加上「一聲問候」，說聲「不好意思」，那就更貼心了。

從上面例子中，各位應該可以明白：如果我們和對方的關係有些距離，那麼「不為對方的言行做任何詮釋」，不僅能保護自己不受傷，還能有效避免彼此的關係更加惡化。

要是各位將聽到的話做出「婆婆八成不喜歡我」、「反正她覺得我這個媳婦不夠好」之類的詮釋，彼此之間的關係就會扭曲、走偏。

這套原則，不僅適用於稍有距離的關係，還可用在各種類型的人際關係上。如果我們根本沒有親耳聽見「調味下得太重就是壞媳婦」，就擅自揣測對方心中的想法，覺得「她是不是認定我是個壞媳婦」，彼此的關係就會崩潰。

以「猜測對方真心話」為前提的心態往來，是最教人窒息、粗暴的人際關係。自己明明沒有那個意思，對方卻隨意解讀；或對方總是在看我們的臉色，讓人覺得很難受；又或是自己總在看對方臉色，揣測對方在想些什麼，過得心驚膽跳。

這些相處模式，都不是深厚的人際關係。人與人之間的關係需要培養，只要悉心照顧，就會孕育出一定程度的深厚關係。

只要我們竭力排除「非揣測不可」的因素，必要的事項透過語言來傳達，並懷

抱對方沒說的話，就當作「沒那回事」的心態，就能逐漸培養出良好的關係。

決定自己要給對方多少期待

例 你把自己心中的憂慮告訴主管之後，主管竟說：「我才擔心你竟然為這點小事擔心呢！」讓你大受打擊。

一般來說，將自己心中的憂慮告訴對方算不上攻擊。這點稍後會在第四步中詳述。然而，就算我們用了說話內容完全不帶攻擊意味，也不見得能百分之百駕馭對方的反應。如果對方是個容易擔心的主管，確實可能做出這種回應。

如果我們接著回答：「聽你這麼說，讓我更擔心了。」雙方便會陷入你來我往的攻防中——因為表面上說「擔心」的主管，實則主張自己坐在受害者寶座上，話中「都是你的錯」的意味，已昭然若揭。我們該如何應付這樣的主管呢？

首先，請想想你對他有多少期待。

會給部屬這種回應的主管，或許已經很難對他有太多的期待。當你研判主管恐怕很難協助你改善狀況時，最好改找其他願意伸出援手的人。

若你能這樣想，眼前的主管，就只是個「不必搭理」的人罷了。

你不必為主管的言行做任何詮釋，說句「喔，是嗎？」也好，或送上一聲慰問表示「我先告辭了」也好。不妨透過這些方式，減少你和主管往來的時間，多花心思找尋更能幫助你的人吧！

創傷越深，越認定他人「軟弱」

例　你找同事商量煩惱，不料對方竟說：「會說這些話，代表你太軟弱了。」

通常，當我們對別人吐露心聲時，往往會深化彼此的關係。然而，萬一挑錯對象，就有可能在吐露心聲後，得到一番先入為主的偏見。

這種同事顯然也是有所困擾的人——因為通常會認定別人「軟弱」的，都是曾

嚴重受創，至今仍未痊癒的人。

會輕易認定別人軟弱，代表這個人背後有些苦衷。例如，從小生長在以「堅強或軟弱」看待別人的環境，或在不斷受傷中成長等，導致他們無法溫柔地面對自身的軟弱。

包括他們自己在內，每個人都有各種的苦衷，但他們就是無法寬容地接受這一點。**所以，這個案例的重點，絕非我們「很軟弱」，而是對方「有傷未癒」。**

若因為對方的傷口導致我們自己受傷，簡直是誤判情勢，吃了大虧。那麼，究竟該怎麼做才對呢？

在這種情況下，我們同樣是考慮自己「對他有多少期待」，自然就會有結論。這種人受的傷很深，無法立即痊癒。你和他只不過是同事關係，不必為他背負這些舊傷。

當你研判眼前的商量對象，沒有能力妥善處理你的煩惱時，建議你趕緊換人，找個更合適的對象。

所以，同事說的話聽聽就好，不必在他身上虛耗無謂的時間和心力。只要遵循「不為對方的言行做任何詮釋」的原則，說聲「哦，原來你這麼想」即可。

你不必覺得自己軟弱，也不必強調自己堅強，更不必設法導正對方的思維。

若對方是自己的伴侶

例 你對自己的男／女朋友抱怨了幾句，對方竟然回說「你為什麼要把事情想得那麼負面？」

如果對方是你的男女朋友，恐怕就不能說「別再寄望他，去找別人」了，而是思考如何改善彼此的關係。這種情況下，同樣要以「思量自己對他有多少期待」為處理原則。

當我們說「我覺得很受傷，請你不要再說那種話」時，對方是否會因此閉嘴？

如果不行，或許就不該再期待這個人扮演稱職的「交往對象」。

男女朋友顯然就是「重要他人」。

這種關係的品質，威力強大到足以讓人心生病。

每當你一抱怨，對方就說你「為什麼要把事情想得那麼負面」時，這種關係若放著不管，會成為健康殺手。

至於該如何向對方表示「我覺得很受傷，請你不要再說那種話」時，我們留待下一步說明。

第3步 該怎麼處理「攻擊」？

1. 處理方式會隨雙方關際不同而有所差異。

2. 交情程度僅止於「不必再深交」者，靈巧閃避過去即可。

3. 要是聽到刺耳的話，不必把對方的話詮釋為「傷害」，只要說聲「哦，是嗎？」聽聽就好。

4. 會主動攻擊我們的人，都是有困擾的人。
面對有困擾的人，只要送上一聲「不好意思」，聊表慰問即可。

5. 別對攻擊我們的人懷抱任何期待。

第4步

終結無理責難，
從讓對方「放心」開始

重點提要

當你被迫接受來自職場同事上司、親密伴侶，甚至陌生人的為難時，除了理解對方為難你的動機外，該如何回應才能讓問題就此打住？

本步驟將提供四個原則，幫助你遠離人際關係的紛爭，解決雙方的歧見。

四大原則，遠離攻擊的地雷

例 男朋友報備說「今天公司有聚餐」，卻不巧被你親眼看到他和一位貌美女性單獨用餐。

在這個案例中，有兩個背叛：一是「說謊」，二是「疑似外遇」。凡事親眼目睹，一定會大受打擊。

面對眼前的狀況，要是你因為感覺到威脅而進入受害者模式，甚至說出「說謊的人最差勁了」加以反擊，場面便會一發不可收拾了。

因為這是一記很猛烈的攻擊，對方聽到必定會有所反應，說不定會引發進一步反擊或重創他的自信。

無論如何，如果兩位還想繼續開心交往下去，激烈反應對感情恐怕有害無益。若你覺得「沒辦法和這種人交往了」選擇斷然分手，當然也是一個明快的做法。不過，若你還想找出些許讓彼此繼續下去的可能，就妥善地處理吧！

別立刻認定對方說謊

在我們看來毫無疑問的「說謊」，有時可能是對方走投無路之下，莫可奈何的選擇；或自以為隱瞞真相才是「體貼」。

有些害怕責備的人，會為了當下可以矇混過關，而不停胡扯一些「謊話」。這時，若被旁人一口咬定說謊，這些人就會認定自己遭到攻擊。

說謊的人不僅在心態上大有問題，同時也是一種背叛。但從說謊者的角度來看，他們多半會認為自己有很多苦衷，可能是莫可奈何或出於體貼、害怕，才會在「別無選擇」之下說了謊。

他們當然也有些許自覺，知道「自己做了不好的事」，因而被指責「說謊」時，等於是在傷口撒鹽。尤其男士通常很重視自己的面子和信譽，說謊這個指控，對他們來說簡直如同致命一擊，進而理所當然地啟動自我防衛機制。

聽聽對方的苦衷

有時我們只要知道對方的苦衷，問題就能迎刃而解。

前述案例中，或許只是在公司聚餐的場合，女性部屬苦苦懇求，說什麼都要找這位男主管商量，男方迫於無奈，只好相偕溜出聚餐會場。因此，若能知道對方的苦衷，就再好也不過了。

然而，若你以「你說公司聚餐，為什麼還會跟女人在一起？」等方式詢問，對方往往會認為是一種「責備」。人只要一想到自己受責備，就很難坦白說出原委。

畢竟人在自覺受到攻擊時，就是會啟動自我防衛機制。所以，我們必須清楚告訴對方：「我不是在責備你」。只要說一句「因為是你所以我想可能有什麼苦衷」，讓對方知道「自己仍受到信任」而放心。如此一來，對方應該就會願意坦白吐實。

就算真的是外遇，對方或許也會因此而下定決心，認為「既然女朋友這麼信任我，就不應該再有下一次」。

以「我」當主詞

若想讓人聽命行事，就不該觸動對方的自我防衛機制。因此，溝通時的訣竅，是要懂得用「我」當主詞，而不是「你」——用「我大受打擊，覺得很傷心」，來訴說自己的感受；避免用「你說謊」這種方式論斷「你」的行為。換句話說，就是要各位表現得像個「因某事而困擾的人」，而非當攻擊者。

再者，我們要利用男性「重視信譽」這個弱點，說出「我大受打擊，覺得很傷心，因為我一直都很信任你」這句話。要是這個男人還有心修補關係，就會再重回你的

遠離攻擊的 4 個話術原則

原則 1
別立刻斷定對方說謊
「我看到你在……」

原則 2
聽聽對方的苦衷
「因為是你所以我想可能有什麼苦衷」

原則 3
以「我」當主詞
「我很受傷」

原則 4
要請求，而非要求
「你能為了我……嗎？」

懷抱。傳統上，我們會說這種態度，是「把男人玩弄於股掌之間」。

要請求，而非要求

若你希望對方改變所作所為，「請求」會比「要求」更有效。說詞要用「如果你願意這……，那就太好了」、「你能為了我……嗎？」，而非「你應該會……吧」後者氣勢很盛，聽起來或許會讓人誤以為比較有效，其實不然。

為什麼？因為「要求」就是一種攻擊，隱藏著一種名為「束縛」的暴力。

當我們聽到別人說「你應該會……吧」時，多半會被激怒，理由就在於別人侵門踏戶，踩進了我們的地盤，讓我們感受到一股被束縛的不悅。人只要覺得被攻擊，就會啟動自我防衛機制。光是和顏悅色地請對方配合，這一招是行不通的。

因此，在不讓對方萌生「受害者心態」的前提下「請求」，才是最能有效改變對方行為的辦法。

只描述事實

乍聽之下，說謊似乎是事實，但這個判斷帶有強烈的先入為主色彩，區分說詞是出於「事實」或「先入為主」，是溝通上的一大關鍵。

例 你發現有位平常一臉和善的朋友，其實背地裡都在中傷自己。

我想各位後續不妨重新評估和這位朋友之間的關係。畢竟要和這種表裡不一的人建立信任，的確很困難。

不過，更令人在意的，是這些中傷的去向—各位應該都會擔心「要是聽到這些中傷的人信以為真，該怎麼辦？」

若碰到這種情況，建議你不妨和自己心目中地位舉足輕重或值得信任的人商量。

不過，商量時的說詞，也需要特別留意。因為「那個人在到處中傷我」的說法，聽起來好像是事實，其實也是一種的成見。

建議你不妨先談自己確切掌握的事實就好。

而事實就是：「聽〇〇說，『╳╳說你表裡不一，無法信任』。」（很多時候，毀謗中傷的內容，其實是在描述出言中傷者自己的行為。）

只要不是當場親眼目睹╳╳，就不應該自行加油添醋。

因此，找人商量時，最保險的說詞，就是「有人跟我說，╳╳說我『表裡不一，無法信任』，讓我覺得很困擾」。畢竟「╳╳在背地裡中傷我」這句話，本身就有「中傷他人」之虞。

如果你商量的對象是一位公正的人士，當他感受到你發出「中傷」——亦即攻擊的力道時，就會認為「雙方都有過失」，甚至可能選擇不插手這件事。

若你想扭轉局勢，那麼貫徹「只描述事實」的原則效果最好。

確認對方是否真的不懷好意

例 對方一直不回信。

認為不回信也是一種攻擊的人不在少數。

畢竟「漠視」的確是貨真價實的攻擊。

在這種情況下，我們的溝通原則還是一樣——排除先入為主，只描述事實，並以「我」當主詞，聽對方的苦衷，還要懂得請求。

換言之，我們只要再寄一封信，內容寫明「我在某月某日發了一封信給您，迄今尚未收到回覆。我擔心或許是郵件沒送到，所以再重送一次。〇〇必須在╳╳之前決定，能否懇請於△△前回信？」即可。

此時，「我擔心或許是郵件沒送到」等於是顧慮到「說不定對方有所苦衷」的說詞；再者，明訂回覆期限，則是考量到「對方可能以為答覆還能再緩一緩」的因應之道。

如果發出如此考慮周全的信件，對方還是音訊杳然，建議你不妨重新思考自己究竟還能對這段互動關係抱持多少期待。

我不認為各位能和這種對象，建立足以豐富人生的關係。

遲遲沒收到回信時

我方觀點的事實

- ○月○日發出郵件
- 尚未收到回覆

對方的苦衷

- 或許是郵件沒送到
- 對方可能以為答覆還能再緩一緩

請求事項

- 盼於△月△日前收到回覆

遇上找碴，以親切化解糾紛

例

與客戶往來過程中，客戶突然提出「能不能麻煩你們換個男的來負責？」

你或許會覺得：「都什麼時代了，還有這種男尊女卑的觀念？」

然而，時至今日，的確還是有人打從心裡認定「女人就是不行」，讓人遭受這種莫名打擊。

就算我們體諒對方，覺得他「應該有什麼苦衷，才有這種古老過時觀念」，願意把對方當作「有困擾的人」來看待，但對方既然是客戶，很多時候業務窗口恐怕無法說換就換。

這時候，只要想一些讓對方放心的辦法即可。

基本上，我們可以這樣解讀：對方是因為覺得和女性共事很難放心，所以才會對女性的出現倍感威脅。

面對這些困守在擔憂裡的人，最有效的因應之道就是「讓他們放心」。

若我們做出情緒性反應，說「聽您這樣說，讓我深受打擊」，或端出冠冕堂皇的大道理，主張「當今社會，男女應該是平等的！」等等，只會徒增這些有困擾的人，更加認定和女性共事很不愉快的偏見。

如果可以，請找上司商量此事，由主管匯整公司、組織對性別議題的處理原則後，向對方說明：「本公司落實執行員工培訓，男女皆然。」即可；如果不行，亦可告訴對方：「我會把每件事都帶回去呈報給男性主管，請您放心。」

其實這也是不讓自己「捲入對方災難中」的一種方法。

對方擅自創造了一場「被迫與女性共事」的「災難」。而我們的這句話，等於是在告訴對方：「根本不會發生這些災難」，好讓他放心。

或許你會認為這種做法，簡直就是在助長性別歧視。然而，請把它想成是透過「放心與女性共事」的經驗，慢慢治好這些人心中對女性的「成見」，或許就比較能同意這是為了化解性別歧視所採取的行動了。

例　店員誤以為我是找碴的奧客，還嘆了一口氣。

這個案例，也可說是出於對方的「成見」，所引發的攻擊。想必是我們身上的某些元素，給了對方「找碴奧客」的成見。

或許只是我們不巧神似對方之前碰過的奧客。被誤以為是奧客的確很屈辱、氣惱，但若因此失控怒罵，反而真的看起來像奧客了。

處理這個問題的關鍵字，同樣是「放心」。設法讓眼前這位嘆了一口氣的店員放心吧！

說得更具體一點，就是要做一些奧客不太可能做的事。

大多數情況下，你只要心平氣和地說一句關懷對方的話，例如「一天到晚都要處理這種客訴，我想你的工作一定很辛苦」即可。

或許你會覺得「都被認為是奧客了，為什麼還得對店員這麼親切？」建議你不妨先做一次試試看。如此一來，當天剩下的時間，一定可以過得非常自在。

「走下受害者寶座」的舉動，效果就是如此驚人。

例　媽媽擅自看了我的手機。

這個案例也一樣，只要當作是出於「成見」而引發的攻擊，處理起來會比較容易。碰上這種侵犯他人隱私的情況，任誰都會想破口說出「怎麼可以擅自偷看我的手機，真差勁。」

不過，媽媽其實是基於「這孩子少了我的監督，可能會不慎涉險」的成見，才會檢查孩子的手機。因此，此處的關鍵字同樣是「放心」。

「怎麼可以擅自偷看我的手機，真差勁。」這句話一說出口，反而會讓媽媽更加憂心，覺得「這孩子還沒長大，不懂父母的擔憂」、「用這種語氣對父母說話，

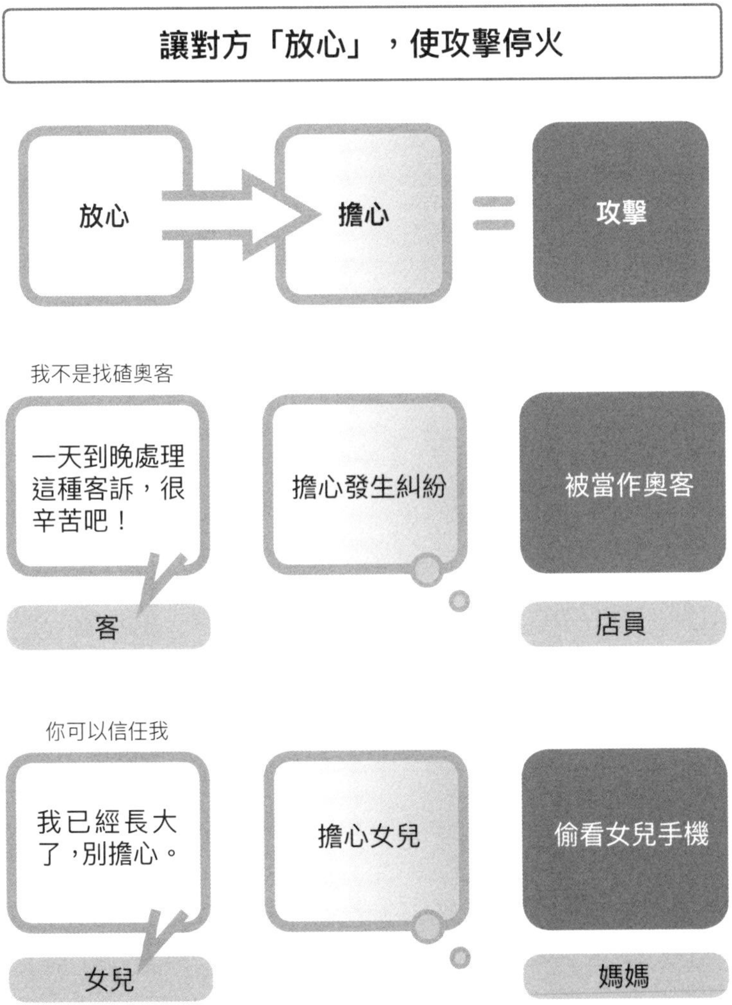
讓對方「放心」，使攻擊停火
放心
擔心
攻擊
我不是找碴奧客
一天到晚處理這種客訴，很辛苦吧！
擔心發生糾紛
被當作奧客
客
店員
你可以信任我
我已經長大了，別擔心。
擔心女兒
偷看女兒手機
女兒
媽媽

真不懂事」，進而導致媽媽合理化自己的行為，今後持續查看子女的手機。

對一個不想被查看手機的孩子來說，這種回應只會得到反效果。

要讓媽媽放心，就要說「媽，我知道你是在擔心我，謝謝」，接著加上「可是我已經長大了，沒問題的，相信我吧！」來請求即可。

感謝父母之餘，心平氣和地告訴父母「我已經長大了」才是「成熟的說話方式」，如此一來應該能有效讓父母放心。

面對駁斥，用反問免除爭論

例 年輕同事說：「我不明白為什麼要用這種方式做耶。」

這也是一句責難意味濃厚的發言。要是年輕同事主動詢問：「你為什麼會那樣做？」各位必定能提出自己的解釋；然而，當年輕同事用一副輕蔑態度，先入為主地說出「我不明白」時，想必會覺得很受傷。

此時，「會發動攻擊的人，就是有困擾的人」原則同樣適用。基本上，年輕同事就是因為「這種方式」而發愁。

我們其實只要依一般處理原則，嘴上回答「哦，這樣啊」敷衍過去即可。

不過，若你和對方之間是經常發生摩擦的關係，那麼祭出「讓對方走下受害者寶座」這一招，也是個有效的辦法。

何謂「讓對方走下受害者寶座」？

就是讓對方主動參與互動。先以「哦，這樣啊」，敷衍對方的責難，再詢問對方「若換成你，會怎麼做？」即可。

如此一來，年輕同事就必須把整件事當作自己的問題，思考「若換成自己，會怎麼做」，而不是一味指責你的做法，以受害者自居。

前面提過，所謂的攻擊，其實是一種「受害者言行」。畢竟沒有「受害」的人，就不會有「攻擊」出現。當他們開始主動參與，受害者心態就會轉淡，比較不會過度反應。

光是讓他們覺得「有人願意聽自己的意見」，或許會感覺自己受到尊重；而在陳述意見的過程中，說不定也能讓他們體會到「知易行難」的道理。

倘若年輕同事真的提出妙計，那麼採納他的意見，對我們自己也是好事一樁。

若你身負指導後進的責任，只要告訴他們「有人會覺得你那種說話方式很傷人，最好注意一下。畢竟世界上什麼人都有」即可。

要是你說「我覺得很受傷」，對方可能會因為「我傷害了前輩！」而使不安感大增，拉起嚴密的自我防衛機制。用前述說詞，較能呈現「我和你站在同一陣線」的氣氛，降低不安的警戒感，減少我們可能蒙受的災害。

例　每次構思新企劃，同團隊的前輩總會說：「我覺得不會成功。」潑我冷水。

就是有這種凡事只往負面看的人，當我們打算有某些作為時，他們總會潑冷水，說「反正不會成功」。

這種人可說是具備「評論員體質」——因為他們無法從執行者觀點，做出「該怎麼做才會成功」的建設性思考。碰到這種情況，只要把對方從評論員的寶座上拉下來即可。

各位別只想著「自己被扯了後腿」、「被前輩否定了！」，要先依一般處理原則，說聲：「哦，原來你是這麼想的啊！」躲過攻擊，再試著問對方：「我很想執行這個方案，能不能借重前輩的智慧？」

如此一來，前輩就無法再繼續以受害者角色自居。假如對方真的很沒自信，這時應該就會知難而退，改口說「算了，想做就去試試看吧」。**不少人在被問到「若換成是你，會怎麼做？」時，才會停止潑人冷水。**

如果你身邊有這種「評論員體質」的人，須留意別捲入他的磁場裡，和他用同樣的觀點看世界。

所以，第一步該做的，就是別成為對方攻擊下的「受害者」——若一直覺得自己「被否定」，就代表我們一直都是對方攻擊下的受害者。

若對方不講理，先傾聽再關心

儘管我們在面對非難時，只要閃避即可，但有時置之不理，反而釀成其他層面的災害，**此時的因應要訣是「懷抱宏觀的視野」**。

意指希望各位綜觀大局，掌控事態，讓事情朝對自己最有利的方向發展，而非拘泥於「遭到對方不合理對待」的細節上。讓我們來看看有哪些具體作為吧！

為非難找到定位

例　和客戶窗口聯繫時，對方竟說：「你好像什麼都不懂，換個人來處理吧。」

就「碰上瘟神」這層涵義而言，本例和前面提過的「店員」沒什麼兩樣。

然而，當我們是顧客時，只要走人不買就能解決；但當我們是負責承辦業務的人時，就不能這樣處理了。

想必各位當然也會在意自己的考績。**萬一遇上瘟神，不妨試著放大自己的視野，評估對方的攻擊，會有助於找出解方。**

你是第一次有人這麼說，亦或已屢次發生相同情形？若是屢次遭人質疑「你好像什麼都不懂」，代表你看來的確給人這種感受。

那麼，不妨先找別人代打，並尋求旁人意見，探問：「我哪裡看起來像什麼都不懂的樣子？」想想該如何改善。

此外，直接詢問對方也不失為一個方法。

只要我們真心請求，表達「我是真心想改善，能不能拜託您告訴我？」，有些人不僅會大方指正，甚至會因此而消氣、息怒。

不過，在祭出這一招之前，要特別留意對方到底有多歇斯底里。

畢竟，當我們請求指正後，有些人可能會從「拜託」中感到威脅，而衍生出更多無謂責難，遭到對方人身攻擊，說「錯了還要別人告訴你？真是厚臉皮」。

如果這是你第一次被指責「你好像什麼都不懂」，那麼這場責難就屬於「特殊案例」。這種情況下，你只要大大方方找別人來代打即可。

我想這樣做應該不至於對你的考績造成太大影響。若你還是不放心，可試著詢問周遭同事「這種情況，該怎麼處理才好」。你那股積極想為「特殊狀況」尋求解決之道的態度，應該可為自己的加分。

別讓打擊騎到你頭上

只要能仔細思量評估攻擊內容，冷靜下來後，就會明白其實沒什麼大不了，只是實際執行時難度很高。

為什麼？原因我前面也提過，因為人在遭逢打擊後，便會提高戒心，甚至對自己失去信心。

當我們由衷認定自己很「沒用」，心態上會變得膽怯，很難挺起胸膛採取實際作為，積極思考「我究竟哪裡看起來糟糕？」「該如何應付這種狀況？」。

萬一此事讓你開始覺得「莫非公司所有人，都覺得我很無能？」或「是不是我根本就沒能力做好這份工作？」，請告訴自己：「喔，我只是因為剛才那番話受到打擊罷了。」

稍微轉換思考，就不會被受到的打擊宰制。待心情稍為平復後，再重新積極面對問題。

然而，實際上或許真的有人會認為「是我沒搞清楚，都是我不好」、「我被罵是應該的」。

但老實說，世上沒有任何人會真的「什麼都不懂」。

對方那句指控，其實是情緒性發言，而且是高呼「救救我！」的哀號。

自我評價影響你如何看待責難

前面分享過「明明是前輩出錯，卻指責我不對」的案例。各位不妨也來試著重新評估指責內容。

首先，冷靜思考這件事是否會影響我們在公司、組織當中的地位？或只是受到前輩無端遷怒波及，不必放在心上？

接著再決定自己要如何應對。若是後者，就不至於對你造成實質傷害，只要說聲「非常抱歉，我以後做事會小心」即可。

這個舉動表面上看似道歉，實際上卻是「不為對方所說的話做任何詮釋」的一種做法。

不針對前輩的「指控」談論對錯，單純為可憐的前輩送上一句「非常抱歉」的慰問；而「做事會小心」，早已是我們的日常。這種說詞，既不會激怒前輩，又能防止自己淪為無辜的受害者。

向第三者說明的方式

然而，若光是冷處理會對我們的處境造成負面影響時，除了要先對前輩說聲「非常抱歉，我以後做事會小心」，讓事情先過去，建議各位不妨再找更舉足輕重、更值得信賴的人商量。

前面介紹過「排除偏見，只描述事實」的心法，在這裡也同樣重要。例如「那位前輩老是把錯推到我頭上」之類的說詞，就帶有強烈的「先入為主」色彩。

最好的方式，就是根據事實，描述一些具體的實例。

就自己的部分，我們要清楚說明事情原委，例如「我其實是因為這樣才那樣的」；而對方的舉動，只要描述自己親眼所見的部分即可，如前輩開會時說「都是你太晚呈報，這件事才沒展現出該有的績效」等等。

如此一來，想必同事會給你正面評價，認為你是「泰山崩於前而色不變，不意氣用事的人」。別再當個只看到攻擊、自覺被擺了一道的受害者。

讓我們懷抱更宏觀的視野，衡量攻擊會如何影響我們在公司、組織裡的評價，進而採取更有效的行動。

問出對方真正的「期待」

例　我明明都有在聽，太太卻罵我：「都不聽她說話！」

如果雙方進入「你都不聽我說話！」「我也很忙，不要每次都叫我聽你說那些千篇一律的內容！」等你來我往的狀態，那就只是彼此虛耗而已。

這種情況下，我們同樣要秉持「會發動攻擊的人，就是有困擾的人」原則——你的太太，同樣也正因為某些原因而發愁。

若你真的認為自己有聽太太說話，那可能要考慮你和太太之間，對於「聽別人說話」的定義是否有出入。「想解決問題的先生」和「只想先生學會傾聽的太太」，是夫妻之間常見的歧異。

所謂的「聽我說話」，對先生而言，代表的涵義是「傾聽內容，解決問題」、「聽完陳述內容後，提供有益的建言」；但對太太來說，只是希望有人在聽完後，表示共鳴而已。

當你覺得自己明明都有在聽，卻遭到「都不聽我說話！」的指控時，不妨試著問問「我該怎麼做，你才會覺得我有在聽呢？」一個小動作就能讓太太的責難力道緩和許多。

此外，即使明白雙方的歧見在哪裡，想必還是有些無法讓對方完全如願的時候。例如要是有人對你說「看懂我在想什麼吧」，一定會有完全做不到的人。

碰到這種情況時，最好試著更進一步，問出對方內心深處真正的期待。亦即「看懂我」究竟是什麼意思。

說不定是代表「好好關心我」。若真是如此，你只要告訴對方「我不懂得怎麼看人臉色，但我想用其他形式來表達我的關心」，再和對方一起思考用什麼「其他形式」即可。

像這樣表明自己「想用其他形式來表達自己的關心」，也能發揮一種「關心形式」的效果。

第4步 遭受攻擊時如何回應？

1 不先入為主地認定被人攻擊我。
先聆聽對方的苦衷。

2 詢問對方「若換成你，會怎麼做？」。

3 問出「對方真正的期待」。

4 會發動攻擊的人，都是有困擾的人。
如果知道對方為何事擔心，就設法讓他們放心。

5 希望對方改變的事，要「請求」，而非「要求」。

第 5 步

當網友變酸民，受害情緒如何克服？

重點提要

臉書、IG、推特……等社群網路，除了可以無時不刻與「世界」連結外，還能透過不斷更新的訊息、留言，排遣閒暇時間，與人交流。

不過，往往也很容易因為一則無心的貼文，引來不必要的酸民攻擊，這時不妨透過一些心理建設，避免讓一天的心情受到影響。

酸民的惡意留言，來自內心有困擾

「推特上有人說我的壞話！」

「朋友取消追蹤我了！」

「有人在臉書上貼了我的醜照！」

在推特或臉書等平台，都會出現諸如此類的攻擊。

基本上，它們就和其他的攻擊沒什麼兩樣，只因為不是當著我們的面發生，而且常以無法控制的形式擴散，所以很難應付。

在此，我想和各位一同思考社群網路的為難之處。若你覺得自己和這些話題沾不上邊，直接跳過這一章也沒關係。

一不小心，酸民來襲

網路上發生的所有事端，全都是「突如其來」的。

在我們連上線後、在對方寫下貼文後，猜想不到的麻煩突然降臨了。全都是我們無從預測的「奇襲」，而且往往以我們無法控制的形式展漫延，所以也屬於一種打擊。

此外，在各類資訊當中，又以視覺接收到的資訊最容易造成打擊。因為映入眼簾的畫面或文字，會很震撼地烙印在腦海中。

所以，慣常使用社群網路的人，最好都有要這層認知——承受不了打擊的人，或許不太適合太投入其中。

請各位記住：凡事要以扣除打擊影響後可能發生的情況來思考，否則會很容易誤判情勢。

「莫非……」的妄想，傷害了你

例　他取消追蹤我的推特了。

原本有追蹤你推特的人，突然取消追蹤了。

這個舉動其實頗令人介意。有些人會因為這個舉動，懷疑對方是否覺得自己的「推文不值得一讀」；或拚命回想自己最近在推特的推文，是不是寫了什麼傷害對方的內容。

其他還有一些社詢網路特有的現象，可能會因為詮釋的觀點不同，而令人覺得自己被孤立了。例如，臉書的「按讚數」太少、發現自己不懂其他人熱烈討論的點等等。

網路的這種「可以各自表述」的特質，容易造成病毒式的擴散效應。

如果是當面發生，我們還能從表情、聲音等元素當中讀出多種蛛絲馬跡；網路上沒有這些線索可循，因此「莫非……」的妄想，便會無限膨脹。

一旦「莫非……」的負面妄想開始膨脹，再加上人在受到打擊時會「喪失自信」，兩者的交互作用下，其影響足以危害你我健康的水準。

人在遭受「被取消追蹤」這個打擊時，原本就會失去自信，陷入對自己全盤存疑的心境。

假如再加上網路上各種不受控制的未知狀況，就會讓我們對別人和自己產生更多懷疑。

總之，請各位先明白一件事：網路的攻擊和現實中的攻擊，具備不同的特性。

懂得「切割」是處理的一大關鍵——只要不是當面從當事人口中聽到的話，都不必放在心上。

每個人對於自己與社群網路的關係，都抱持不同的看法。

有人認真經營，有人心血來潮時才貼文留言，有些人甚至連該怎麼使用這些工具不知道。

至於取消追蹤的原因，說不定只是因為對方擔心自己網路成癮，有一天終於決定取消所有的推特帳號追蹤，跟你沒什麼特別關係。

網路上發生的各種現象，就是結合許多無法捉摸的原因後，才出現的結果。

想釐清網路事端的真相，根本是「天方夜譚」——只要明白這一點，懂得不去為眼前發生的現實，妄加先入為主的論斷即可。

如果是性格武斷、受不了曖昧狀態的人，或許不適合過度投入社群網路。

遇上惡意留言，怎麼辦？

例 在推特發的貼文遭人曲解，害我慘遭不認識的人強烈批評。

字數不多的推特推文，很多時候其實無法傳達真正的想法。

或許那些人不是因為你的貼文，而是因為受到其他打擊，變得很神經質。

他們偶然看到你的推文，覺得受到刺激才以強烈批評回應。

儘管只是偶然的擦槍走火，但對方用區區幾個字，寫下一番充滿教訓意味的「大道理」，還讓批評廣為流傳，的確會令人覺得很受傷。

熟悉的人只要見個面，就有機會解開雙方的誤會；被未曾謀面的人誤會，的確很難補救。

為了讓這種攻擊進入「自家主場擂台」，建議各位不妨先想清楚「社群網路」在自己心中的定位。

請回想一下第八十五頁介紹過的那張圖表。

你會將那些未曾謀面的網友，定位成哪一個族群呢？

仔細想想，應該就會發現：網友其實是比「工作上的往來」更疏遠的關係。

工作上的往來，會隨著辭職消失；而網路上的交情，不過是「不上線就能結束」的關係罷了。

各位大可不必切斷所有網路連結，也不必關掉推特。

只要懂得做出「就算被人誤會，也不會對自己的人生造成太大影響」的判斷，能大幅減輕遭受的打擊。

一旦能做出「不會造成太大影響」的判斷時，就代表你具備控制事態發展的掌控力了。

當「萬一被那個人誤會，會發生什麼事在我身上？」的恐懼感襲來時，你的感受應該會大不相同。

如果對方顯然有所誤會，而你也想澄清的話，建議你先拋開「反駁」、「譴責對方」等自我防衛機制，拿出誠意，寫出你真正的想法。剩下的，就是對方該面對的問題了。

倘若此舉招來對方更多誤解，就只有兩種可能了。

對方現在單純處於受到其他打擊的狀態，才會為了一點風吹草動採取激烈反應，再不然就是內心有傷未癒。

不論哪一種情況，當事人同樣都是「有困擾的人」。

這時我們只要心想：「哦！他很煩惱。看來問題很棘手喔。」之後別再看那些推文、留言即可。

願意理解的人，自然會了解你的立場。

私事被公開，這樣處理不傷和氣

例 喝醉酒時的失言，被朋友擅自公開分享。

和朋友的酒席交談，或任何私人時間說的話被公開在貼文上——這件事不論從保護個資的立場或雙方信任度來看，都是很過份的舉動。

然而，就算直接大罵對方「太過分了！」「把我的事情放上網前，有先經過我同意嗎？」不只無濟於事，可能會讓事情變得更複雜。

因為在對方眼中，聽到別人直接批評自己的過錯，絕對是一種威脅。

反而讓對方跟著啟動自我防衛機制，反駁「又沒什麼大不了」、「那點小事根本沒人在意啦」、「你也太看得起自己了吧？」。

到頭來，你得花更多時間才能讓對方刪掉相關內容，而且直到刪除前都得忍受這些不愉快。

與其如此，不如主張「我覺得很困擾，能不能拜託你馬上刪掉？」，把整件事當作自己碰到的問題，更能迅速獲得解決。

畢竟見到他人有難，會想伸出援手是人之常情。

我可以理解各位希望對方「發現自己做了不適當的舉動」，所以覺得不願把話說成是「自己碰到問題」的心情。

不過，請各位放心。

凡是有慧根的人，只要經過這樣的互動提點，應該都會發現自己「闖禍」了，日後更加留意自己的發言。

而那些沒有慧根的人，就算挑明「要把我的話放上網路前，先徵求同意好嗎」？恐怕還是完全不明白哪裡出了問題。

例 有人公開留言問我的私人行程。

假設你因為工作過於忙碌而婉拒了所有對外邀約，唯獨想抽空和某位朋友私下見面。

偏偏此時，這位朋友不用私訊，而在公開貼文中詢問「你○月○日有空嗎？」，想必會讓你感到很困擾。

社群網站本來就不該是聯絡這種事情的平台，被突然這麼一問難免讓人感到非常為難。

此時，建議各位發私訊給這位朋友，好好說明你的苦衷。

你不妨坦誠地告訴對方：「我最近很忙，把其他邀約都推掉了，但是卻很想跟你私下見面。」對方應該就能體諒，說不定還會因為自己享受到了特別待遇而欣喜不已。

只要各位體認「社群網站是公共場域」的概念，就能妥善處理這類公開私事的貼文，不輕易感到為難了。

例　在社群網站和人聊圈內事，有人硬是跳進來插嘴。

這個案例雖然不是「隱私被公開」，但就「如何區分公、私領域」的這一層涵義而言，問題本質是相同的。

倘若各位無法明確體認「社群網站推特是公共場域」的觀念，自然會感到別人對「圈內事」插嘴是一種為難了。

既然社群網路本來就是公共場域，只要不是刻意糾纏，任何人要在這個平台上發言，都是個人的自由。

如果因此覺得自己的領域受侵犯，那就是你對這個平台的定位有問題。

若你不希望別人跳進來插嘴，只要改用電子郵件等封閉式工具，和特定對象討論即可。

在公開場域討論時，你就必需要有一個體認：即使真的有人插嘴「介入」，對方不過是寫下自己的意見而已，不是干涉也不是為難。

萬一這些「介入」的舉動超乎預期，難免會造成一些打擊。**不過，只要能懷抱「對方不過是寫下自己的意見而已」的認知，就會比較容易釋懷。**

若遇上我們必須出面處理得狀況，只要拿出「在公共場域該有的應對」即可。換言之，當下先以「我會考慮」來回應，後續再私下和親近的人溝通，平和化解就好。

第5步 萬一遭到網路攻擊，怎麼辦？

1 理解網路攻擊本來就比較容易讓人受到打擊。

2 別擅自妄想「莫非……」，事實必須直接詢問當事人才能釐清。

3 如果彼此的互動關係僅限網路，那麼就算被對方誤會，也不會對人生造成太大的影響。

4 切記「社群網路是公共場域」。

5 萬一隱私被公開，要告訴對方「我很困擾」，而非直接責怪。

第 6 步

七個處世原則，
讓你隨時受人呵護

重點提要

沒有人喜歡受到朋友忽略、同事白眼、上司看輕。不過當你渴求受人「重視、愛護」而採取行動時，本身就遠離你心中的渴望了。

本步驟將透過七項處事原則，幫助你破除障礙，成為旁人打從心底喜歡、深獲重視的人。

學會「控場能力」，情緒攻擊不上身

在這個世界上，有些人就是莫名「容易受人攻擊」，而有些人就是莫名「備受眾人呵護」。

截至目前為止所談的各個步驟，都在探討遭受攻擊時該如何因應。在本書即將進入尾聲的這個步驟當中，就讓我們一起來看看如何成為一個不易遭受攻擊的人。

各位在了解這個步驟的內容，並身體力行之後，應該就比較不容易遭受攻擊了。此外，讀完後也會發現其實本步驟就是前面所有內容的匯總。

換言之，能靈巧地閃避攻擊，把事態發展控制在預期範圍內的人，就容易備受呵護，而不非受人攻擊。就讓我們好好培養出這樣的態度吧！

愛自己，不落入「受害者」陷阱

不重視自己的人，自然得不到別人的呵護——這樣說一點也不為過。一般而言，缺乏自信或卑躬屈膝的人，較容易成為他人攻擊的對象。

「備受呵護」的人，都是很愛護自己、充滿自信的人。

然而，我想世上大概沒有什麼句子，會比「重視自己」、「胸懷自信」更難理解。

通常，越是想要自信的人，越容易對自己失去信心。因為他們總是看到「缺乏信心的自己」，而變得越來越沒自信。即使如此，他們仍勉強佯裝自己充滿自信。但越是硬撐，越讓他們深刻地感受到自己的脆弱。

要讓自己滿懷自信，有一個訣竅——就是別接下「受害者」的角色。

離開受害者寶座，當自由旁觀者

其實所謂的自信往往「與生俱來」，並非靠刻意「增添」或「培養」而來。你我最原始的樣貌，其實充滿了力量。然而，就因為我們接下了「受害者」的角色，才會覺得自己的力量減弱。**換言之，只要我們不讓自己成為「受害者」，自然就能好好愛護自己，發揮原有的力量。**

這就是在第二步探討過的內容——當我們自覺受到委屈時，懂得用「對方只是有困擾罷了」的觀點來看待，就不會接下「受害者」的角色。這種處理方式，其實就是一種最重視自己的態度。因為一旦自認為受害者，就是對自己的一種傷害。

只要我們轉念，把對方當作「有困擾的人」就更能從容以對，進而感受到自己的力量。而這股力量，就是所謂的「自信」。養成習慣，把攻擊你的人當作「有困擾的人」，就能幫助你好好愛護自己，感覺充滿自信。

不奉承，保有關係平等的從容

前面曾經提過，有些人會為了閃避攻擊而刻意討好別人，結果往往適得其反這點已在第二十五頁說明過了。

所謂的「奉承」，等同於以「我都這樣做了，你該滿意才對啊！」的心態強迫別人就範。或者窮追猛打，逼問別人「我到底要說什麼你才會開心？」

所謂的「奉承」，其實等於「侵犯他人領域」。

每個人對事情的看法、感受，是個人的自由。

別人要怎麼看、怎麼想，那是「別人家」的事。

然而，使出奉承手段的人，等於闖進了別人家，對屋主說：「喂，你要喜歡我啊！」這種自由受人侵犯的感受，必定會讓對方覺得煩悶。

「莫名備受呵護的人」，通常是一群懂得尊重他人領域的人。別人對我們的言行有何感受，那是別人的自由——願意正面看待，我們就心存感激；就算是給我們負面評價，那也是人家的自由。在第二步中，我們已經共同確認過一個概念：抱持「會發動攻擊的人，就是有困擾的人」的想法，面對攻擊才不會讓自己對號入座。

畢竟，只要我們認為對方之所以發攻擊，是因為「自己有錯」，覺得自己「要力求改善，才能免除攻擊」，就無法抽離對方的主場擂台。

所謂「抽離對方的主場擂台」，就是尊重他人的領域，體認「別人怎麼想，那是人家的自由」。只要回到我們自家的主場擂台，就能運用本書中介紹的因應之道，隨心所欲地掌控事態的發展。

換句話說，「尊重他人領域」其實就是把整件事放到自家主場的擂台上，讓自己與對方平起平坐。

那些「莫名備受呵護的人」，為什麼總是一派從容自在，箇中秘密就在於尊重自己也尊重對方的領域。

和奉承相反的，就是「愛護對方」的態度。

不帶成見，接受對方的真實面貌

懂得愛護他人的人，會渾身散發出溫暖的氛圍，讓人忍不住主動親近，不會拿出輕忽怠慢的態度。話雖如此，「愛護他人」這個概念，還是很難理解。想必有不少奉承諂媚的人，會覺得自己最懂得愛護他人。就讓我來介紹幾個簡單易懂的秘訣，幫助各位學會如何愛護他人。

不對別人抱持先入爲主的成見

「先入為主」本身就是一種攻擊的形式，因此必然會讓對方感到威脅，把你當作反擊對象。第一步介紹過一種性格「武斷」的人，往往得不到旁人的呵護。

有些人固然會出於害怕被武斷的人斥責，而選擇陽奉陰違、阿諛奉承，但性格武斷的人，終究無法得到他人真心重視，多數人會在心中暗自鄙視，絕非發自內心和這種人親近。

我們終究還是喜歡那些願意接受自己真實面貌的人。和這種人在一起，我們會覺得很放心、自在，所以會更想和他們在一起，也會想好好愛護這些人——自己的真實面貌獲得接納，我們才能敞開心胸，展現出最友善的部分。

反之，倘若我們無法接納別人最真實的面貌，總是擅自套上先入為主的偏見，對方非但不會對我們展現出友善的一面，甚至還會啟動自我防衛機制，呈現充滿攻擊性的面向。

傾聽對方的「當下」

置身「當下」，是學會愛護對方的一大關鍵。我們的思緒，常飄到「過去」或

集中精神在對方的「當下」

「未來」，鮮少停留在「當下」。例如，用腦中迄今建立的資料庫，替別人強加上「先入為主」的看法；或把對未來的憂慮，投射在對方身上。這種情況下，我們就無法好好面對站在眼前、真實存在的對象。

「先入為主」除了會讓對方感到威脅外，用過去來論斷別人更是一大問題。若要置身「當下」傾聽對方說話時，必須格外用心。

通常我們在聽別人說話時，幾秒之內就會浮現各式各樣的念頭，這就是大腦進入資料庫的證據。當你察覺自己陷入這種狀態時，請擱置這些念頭，或重新把注意力拉回對方現在談的話題上。多次重複這樣操作，拉長思緒停留在「當下」的時間後，我們甚至會對眼前這位願意待在原地向我們說話的人，備感疼愛。

明白每個人都已盡力做到最好

每個人都不完美。世上雖無完人，但人生在世，每個人都已在能力範圍內盡力做到最好——這也是個不爭的事實。

人人都有自己的苦衷。這些苦衷來源五花八門，有與生俱來的、過去的人生經歷，或當前所面對的問題等等。

大家都在這些苦衷裡奮力求生。即使是看似混水摸魚的人，都有某些讓他們目前無法更努力的苦衷。說不定是因為他的人生一直被否定，所以提不起幹勁；又或者是因為他害怕失敗而無法前進。也可能是罹患了憂鬱症；或是有發展障礙等問題，導致他無法做到一般人理當會做的事。

我們無從得知箇中原委，但每個人在各自的苦衷裡，盡力做到最好的結果，就是目前的現狀——只要各位明白這件事即可。人在自己真實面貌獲得接納時，最能展現出友善的一面。因此能用這種觀點來看待自己或他人的，就是莫名「備受呵護」的人。

秉持一貫原則的人，總能受到旁人的呵護。

言行一致，容易贏得信任

因為「無法秉持一貫原則的人（亦即捉摸不定的人）」，會在不知不覺中讓人倍感威脅。人都會下意識地從別人的言行中，找出一定模式作為推測的根據。曾在某個場合親切上前交談的人，會讓我們認為對方在其他場合，也會拿出同樣的善意。

然而，萬一下回見面對方的態度轉而冷淡，會讓我們覺得自己如同腳下梯子被搬開般，產生跌了一跤的挫折感——產生第五十六頁介紹過的「無預警的攻擊」，最容易造成打擊。

之所以容易惹怒他人，多數是因為這些人的言行模式缺乏一定規則。而且當事人對此毫無自覺，才會到處搬開別人腳下的梯子，讓人感到有威脅。

言行不一，容易予人威脅感

隔天

「反覆無常」的人，就屬於這一類。讓人覺得「欸？他不該是這種人啊？」」，也就是「梯子被搬開」的記憶，對後續的人際關係必然會有所影響。因為「不想再被那個人搬開梯子」的念頭，會促使我們做出「不再把那個人的所作所為當一回事」的結論。

既然不再被當一回事，又怎麼可能受人愛護呢？繼而遭受忽視、輕視，或「反正他只是說說而已」、「反正他之後就會改變心意」之類的攻擊。

備受呵護的人，絕不會隨便搬開別人的梯子。故而旁人往往會用「誠懇」、「總是很親切地攀談」、「工作很嚴謹」、「一絲不苟」等有一貫原則的字句來形容他們。

即便「個性急躁」但只要待人處事原則有跡可循，就算可能不按牌理出牌，別人也會根據某些特質，如「脾氣來得快，去得也快」、「有些任性，但很會照顧人」等具有一貫性的特質而感到放心。

廢話少，沉默帶來安心感

很多人都受不了沉默。於是會在他們拚命說話，填補沉默空檔的過程中，不小心脫口說出「多餘的廢話」令人感到不堪。對他人說話，原本就是為了表達「想傳達的事」，而非為了填補沉默而胡亂施放的工具。因此，懂得在沉默中冷靜以對的人，多半能「莫名備受呵護」。

感受「當下」

受不了沉默的人，多半認為「沉默會讓自己顯得很無趣」，亦即他們自認是因為不夠能言善道，才會製造出沉默的空檔。這種思維的前提，在於「沉默不是好事」

的成見。可是，沉默不等同於對話失敗，這也是一種共享時間的形態。

當沉默到來時，不妨試著細細品味「當下」——好好感受對方的存在，或感受自己內在的平靜，抑或好好感受食物的滋味、周遭的環境等。

唯有處在「當下」，才能「感受」某項事物。越是沉默之際，越要讓大腦稍微休息，試著多加感受、體會。無法好好說話的那股「扭捏」感，也是一種人與人之間的交流。若能樂在其中，也蠻不錯的喔。

爲人著想

總想填補沉默空檔的人，容易成為責難的對象。除了因為容易脫口說出「多餘的廢話」之外，還有一個原因，就是旁人會覺得這種人「很囉唆」、「很煩」。

畢竟不是人人都認為沉默是個問題，甚至有人很喜歡享受寧靜，或是喜歡經過深思熟慮後再開口。

若試圖以喋喋不休填補沉默的空檔，等於從這些人手上奪走想保有的安寧。

一旦對方心中萌生「老是打斷我的寧靜，是個很囉唆的人」的受害者心態，並形成一套基本認知時，就很容易把平常不以為意的「多餘的廢話」，當作是來者的威脅。

沉默不是一個人獨立製造出來的產物，而是雙方合作之下的結果。

沉默會成立，就表示對方也提供了某種形式的推波助瀾。

建議各位萬一遇上自認為尷尬的空檔時，不妨停下來想一想：說不定對方想要的就是沉默。

耐得住沉默的人，給人穩定感

在沉默中仍能保持冷靜的人，能給旁人帶來穩定感，甚至給人「大人物」的印象。這是因為他們給予旁人充分空間的緣故。

能讓人放心共享沉默時光的，越能「莫名備受呵護」。

即使我們無從得知別人對沉默的看法，建議各位可以試著把沉默放到自家主場擂台上，讓自己懂得享受沉默的「當下」。

就算對方覺得沉默令人難受，看到我們這樣從容享受的態度，或許就會放下心中的大石，進而放鬆心情。

越不求回報，別人給的越多

被「想受人重視」這個念頭束縛的人，其實只能得到適得其反的結果。

因為他們看待所有事物，都戴著「自己是否受到重視」的濾鏡。說穿了，這種人根本無法活在「當下」。

此外，他們還會隨時核對自己「在哪些地方不受重視」，而總是疑神疑鬼，很難放寬心胸。所謂「自尊心很強的人」，指的就是這種人。

自尊心很強的人隨時都在尋求別人重視，並為此而攻擊他人，甚至毫不在乎地侵犯對方領域。面對這種人，實在很難令人萌生尊重的念頭。

放下「施與受模式」

「是否受到重視」取決於別人。把自己的幸福，寄託在這種無力左右的事情上，反而會使自己越來越軟弱。

我一再強調要「走下受害者寶座」、「掌控事態發展」。若你把自己的好壞，交由「是否受到重視」來決定，到頭來反而會讓自己成為受害者。

「我會這麼不幸，就是因為沒人重視我」是一種受害者的想法。

不從外界接受某些好處，自己就無法幸福——這種心態就是一種「施與受模式」換句話說，一種受害者心態。所以，若想擺脫受害者情結，就要從放下對施與受的想法開始。**因此，我們要秉持「不受重視也無妨」的思維。**

「親切待人」有兩種情況

同樣是「親切待人」，若抱持著「我對你好，你要好好感謝我」的心態為之，

不執著於「施與受」的念頭

就是施與受模式。一旦強求「你要好好感謝我」，會讓對方心生困擾起而反擊。

為什麼？因為「強求等於一種名為束縛的暴力」，站在對方的立場來說，就是一種威脅。

受到這種對待的人，雖不至於當場反擊，點滴累積下來，終究會破壞彼此的關係，說不定還會在某個時間點爆發衝突。

放下「施與受模式」，純粹親切待人，不期待任何回報，會讓我們一身自在。

這樣的人必定能「莫名備受呵護」。

假如親切待人的同時，又不期待對方回饋什麼，我們就無須勉強自己犧牲什麼。

畢竟勉強而為的事，做起來也不舒服。若能放下施與受模式，我們自然就能在必要時勇敢說「不」。

而那些表面上看來盡心盡力，卻必須看人臉色做事的人，實際上處於無法對人說「不」的施與受模式，總是得不斷地勉強自己——因為他們害怕面對說「不」的後果。

這種類型的親切，會造成「都是我在付出」的受害者心態。

要受人重視，先放下「想受人重視的念頭」

這個步驟探討的是「如何受人重視」。然而，各位要做的，就是放下「想受人重視」的施與受模式。

說穿了，不是處在施與受模式的人，就算對他們發動攻擊，也不過是狗吠火車。他們根本不在意別人怎麼看待自己，所以絲毫不為攻擊所動。然而，那些總在看人臉色、唯唯諾諾的人，反而容易受到攻擊，因為攻擊他們很有成就感。

讓我們懷抱「只要照本書寫的做準沒錯」的念頭，別再想著「我想受人重視」，一步步踏實地向前邁進吧！

我就是我，不虛假才得人愛

率真的人，行為和生活方式都是以「自己的內心」為主軸，而非他人的目光。

所謂的「率真」，是指不因在意旁人眼光而調整言行，做自己覺得自然不做作的事。

為什麼做作的人得不到他人重視？因為在彼此往來的過程中，會突顯出很多問題。例如，做作的人常讓人產生「這樣做很不自然」、「有夠可悲」或「也太矯情了」等想法，使自身評價每況愈下，甚至讓人萌生充滿惡意的成見。

此外，這種人就某種涵義來說，往往也欠缺「一貫性或原則」。脫離「人類自然率真」的樣貌，就是一種不規則，對別人造成刺激。

而率真的人身上沒有怕被踩中的地雷，相處起來不會讓人覺得渾身是刺。和率真的人相處，既輕鬆自在，也能讓人在放鬆的狀態下，展現親切體貼的善意。

常保率眞的要訣

不過，當我們越要自己「常保率真」時，越容易顯得做作。為什麼？因為想著要自己「常保率真」，其實就是讓自己脫離自然率真的樣貌。

活在「當下」，最能明白何謂「率真」。

例如，可參考第一六五頁介紹的方法，放下腦中的資料庫，傾聽別人說話；也可專心於藝術創作、養花蒔草等等。

唯有活在「當下」，才能讓我們完全地率真。此時，我們的腦海裡就不會有「常保率真」等任何雜念。

因此，要常保率真，不妨先放下「常保率真」的念頭。再者，前面介紹過的概念都能有所，讓我們來複習一下吧！

1 在自己和他人領域之間劃清界限

尊重每個人的領域，換言之，守護好自己的領域，就是常保率真的秘訣。「自己是自己，別人是別人」，只要每個人都能率真過活，就是最自然的狀態了。

2 認清「每個人都已盡力做到最好了」

尤其更要認清「自己已盡力做到最好」這件事。我們或許不盡完美，但絕無不妥。懂得接受真實的自己，並告訴自己「你現在這樣夠好了」的心態非常重要。我們雖然還有進步的空間，但不急於一步登天。

因為現在的自己，正在大步地向前邁進。

3 停止「戒備」

為什麼我們會提防別人，是因為我們會根據過去累積的「資料庫」，研判哪些人必須加強戒備。或許我們過去的確曾被對方傷害。可是，過去和現在不可同日而語。當我們把別人的攻擊當作攻擊來看待，就會覺得很受傷。

本書即將接近尾聲，我想各位應該已經記住「會發動攻擊的人，就是有困擾的人」的想法了。只要把這個想法，落實在生活中的各個領域上，攻擊便不再是攻擊，你也不會再被這些攻擊而受傷。

如今，各位已不必再害怕攻擊，自然也不再需要戒備了。

不論天外飛來什麼攻擊都無妨。

因為我們已經懂得面對攻擊時，不自行對號入座，並透過有效的溝通，掌控事態的發展。

當我們感受到自己身上的這股力量時，就能脫下盔甲，返樸歸真。如此一來，就能成為「莫名備受呵護的人」，使攻擊的情況隨之減少。

第 6 步　備受呵護的人都這麼做！

1. 愛護自己。
明白「會發動攻擊的人，就是有困擾的人」，不把自己當作「受害者」。

2. 愛護他人。
不試圖掌控別人或侵犯他人領域。

3. 不帶先入為主的成見。
接受現在最真實的自己和別人。

4. 不受重視也無妨。
選擇親切待人，是因為自己想這樣做。

5. 讓意識專注在當下，而非過去或未來。
要耐得住沉默、常保率真。

結語

懂得轉念，化解所有情緒攻擊

讀到這裡，想必各位已親身體驗過「馬上消除攻擊」的效果了吧？

各位在腦中轉念時，或許會覺得「都已經被攻擊了，誰還管他什麼不同觀點啊！」然而，當各位感覺自己被為難時，若能實際嘗試改換觀點，必定能立刻換來一身輕鬆自在，甚至壯大自己內在力量的穩定感，這些好處都是難以取代的。

誠如本書所述，多試著轉換觀點，幾次之後，我們就不容易遭受攻擊。世上恐怕少有這麼好康的事吧！

最後，我要由衷感謝大和出版的御友貴子小姐提供「攻擊」作為本書主題，並為編輯內容盡心盡力。御友小姐在編輯過程中，因為不慎推落電腦而導致腳趾受傷骨折。她身處逆境中，仍然全力以赴的姿態令我衷心感謝。

期盼透過本書，能在各位的心中，進而在整個社會上散播更多的幸福。

國家圖書館出版品預行編目（CIP）資料

面對情緒攻擊的勇氣：害怕衝突，更不想忍氣吞聲，如何閃避、巧妙回擊？／水島廣子著；張嘉芬譯. -- 初版. -- 臺北市：方言文化，2019.11
面；　公分
譯自：身近な人の「攻撃」がスーッとなくなる本
ISBN 978-957-9094-46-7(平裝)

1.人際關係 2.情緒管理 3.生活指導

177.3　　　　108017152

面對情緒攻擊的勇氣

害怕衝突，更不想忍氣吞聲，如何閃避、巧妙回擊？

身近な人の「攻撃」がスーッとなくなる本

作　　者　水島廣子
譯　　者　張嘉芬

副總編輯　黃馨慧
責任編輯　高佩琳
版 權 部　莊惠淳
業 務 部　古振興、葉兆軒、林子文
企 劃 部　顏佑婷、方億玲
管 理 部　蘇心怡、張淑菁

封面設計　張天薪
版型設計　李偉涵
內頁排版　江慧雯

出版發行　方言文化出版事業有限公司
劃撥帳號　50041064
電　　話　（02）2370-2798
傳　　真　（02）2370-2766

定　　價　新台幣290元，港幣定價96元
初版一刷　2019年11月
初版二刷　2019年12月
I S B N　978-957-9094-46-7

方言文化

好評推薦

迎合別人只會換來表面假好，而非真心

可以善良，但你要有底線不當好人

人際關係斷·捨·離，勉強自己和別人好，
不如找人真心對你

· 38 則「小惡精神」的處世待人原則
· 廣含人生六大層面，全方位實用
· 午堂登紀雄 著／定價 280 元

堅定的善良，無需委屈求全與犧牲！
一昧討好他人，只會喪失自己的價值

作者「午堂登紀雄」在書裡為你剖析「被討厭的人生」，很快你就會明白，「被討厭」沒什麼，「做自己」得到的最真心，人際關係也要勇敢斷·捨·離！
書中 38 則「小惡精神」，教你堅定面對人間關係、情感、回話、常理、金錢、父母，且在該硬的時候，為自己勇敢反擊！

◇◇

學會隔絕「情緒勒索」，劃出自我防護的人際界線

隔絕情緒勒索，給自己好溫暖的心情整理術

暖心醫師教你，學會想法轉個彎，
90% 人際煩惱立即消除，重新找回自在人生

· 8 大煩惱 X 31 則溫暖心情整理術
· 專業醫師的舒心「良藥」
· 水島廣子 著／定價 290 元

婆媳難相處、主管惡質、同事使壞，
讓你痛苦又無法脫身？！

適度的焦慮，或許可以成為你生活和工作上的動力；然而，長期下來，將可能讓你出現偏執、優柔寡斷、專注力喪失、失眠等行為。作者藉由精神醫學的角度，她解析無數因煩惱而起的情緒勒索案例，進而歸納出 31 則心情整理術。幫助你，從中尋找到「勇氣」和「解決辦法」，讓心變得更溫暖，遠離被負面情緒綁架的陰影。